文化生态保护与旅游发展互动研究

张建忠　著

中国财经出版传媒集团
中国财政经济出版社

图书在版编目（CIP）数据

文化生态保护与旅游发展互动研究 / 张建忠著 . --北京：中国财政经济出版社，2022.9

ISBN 978 - 7 - 5223 - 1546 - 1

Ⅰ.①文… Ⅱ.①张… Ⅲ.①文化产业－关系－旅游业发展－研究－山西 Ⅳ.①G127.25 ②F592.725

中国版本图书馆 CIP 数据核字（2022）第 117244 号

责任编辑：张晓丽　　责任印制：刘春年

封面设计：孙俪铭　　责任校对：徐艳丽

文化生态保护与旅游发展互动研究

WENHUA SHENGTAI BAOHU YU LÜYOU FAZHAN HUDONG YANJIU

中国财政经济出版社 出版

URL：http：//www.cfeph.cn

E - mail：cfeph@ cfeph.cn

社址：北京市海淀区阜成路甲 28 号　邮政编码：100142

营销中心电话：010 - 88191522

天猫网店：中国财政经济出版社旗舰店

网址：https：//zgczjjcbs.tmall.com

北京财经印刷厂印刷　各地新华书店经销

成品尺寸：175mm × 250mm　16 开　14.5 印张　205 000 字

2022 年 9 月第 1 版　2022 年 9 月北京第 1 次印刷

定价：60.00 元

ISBN 978 - 7 - 5223 - 1546 - 1

（图书出现印装问题，本社负责调换，电话：010 - 88190548）

本社质量投诉电话：010 - 88190744

打击盗版举报热线：010 - 88191661　QQ：2242791300

序言一

加强非物质文化遗产区域性整体保护、维护和培育文化生态、传承弘扬中华优秀传统文化、坚定文化自信是中国特色的文化遗产保护思路和理念。通过文化生态保护区来保护“文化生态”是中国对文化遗产保护的创新形式。文化生态保护对于未来旅游发展具有重要的作用，特有的文化生态是未来旅游业的主要依托和开拓旅游新业态的重要方向。

文化生态保护（实验）区各种遗产文化的挖掘深度和展现内容直接影响着旅游者的旅游体验。保护特定区域的文化生态，就是保护和建构区域文化的传承机制，建立和完善传统文化的适应机制，建立本土文化与外来文化的交流机制，建立文化生态建设与自然生态建设的结合机制。旅游利用是达到文化遗产“活态保护”的最有效的途径之一。研究文化生态保护与旅游发展互动机制具有重要的理论和现实指导意义。

山西秉赋表里山河，人文过程特征显著。历史上山西有内外长城等，大同雁门关、偏关、娘子关均为要塞，是历史上多民族汇聚之所；上古时期山西乃中华民族发源地之一，人工养蚕便始于晋；赵武灵王胡服骑射、北魏孝文帝习汉皆与晋有关；抗日战争时期山西是陕北抗日根据地的战略屏障，晋绥、晋察冀、晋冀鲁豫三大根据地皆依托山西；山西人民勤劳勇敢、勇于创造，故有“晋商通天下”的称号；物质类、非物质类遗产特别丰富，物质类遗产通过世界遗产、各级文物保护单位等系列保护，已为人所共知，但非物质类文化遗产却知之甚少，发掘、总结、弘扬乃迫切之任务，本书企盼以晋中文化生态保护实验区为核心入手，以达全面弘扬中华“根”文化——晋文化之目的。作者张建忠博士后的探研是成功之作，特作序以助声威！

该书在以下几个方面有所创新：提出了遗产活化分层理论，并通过对“晋中文化生态保护实验区”典型案例分析，为文化生态保护与文化遗产旅游提供了一种新思路、新方法。文化生态保护在于保护外在的物态化遗产和内涵的意态化遗产，“活态化”旅游利用促进了这种保护。该书还提出了四种文化生态保护区非物质文化遗产“活态化”利用模式，使文化生态的各个不同因子得到很好的保护，实现良性互动。

该书的出版，对文化生态保护区“非遗”保护，无疑是一种深化和拓展。同时从旅游利用的视角解析了文化遗产“活态化”利用的关键问题。该书可供旅游、文物、文化、地理、生态等教学科研工作者和管理者借鉴参考，并可为文物管理、旅游开发等提供指导。

中国科学院研究员、博士生导师

2021年4月27日

序言二

张建忠2013年从陕西师范大学旅游管理博士毕业以后，于2014年4月进入中科院地理科学与资源研究所随我继续博士后研究，从进站伊始就选择文化生态保护与旅游发展互动为研究主题。他先后在《地理科学》《地理研究》《经济地理》等刊物发表多篇关于文化生态旅游的专业性文章，在系统梳理前期研究成果基础上，圆满完成了在站科研工作，顺利出站。出站报告答辩之际，答辩老师给予很高的评价。在成果付梓之际，特邀我作序，我欣然允之。

该书在界定相关概念、分析国内外相关文献的基础上，辨析文化生态、文化生态旅游、文化生态保护区等相关概念，梳理遗产旅游体验理论，遗产活化理论等，提出文化生态保护区非物质文化遗产分层“活化”思想。依据遗产旅游体验理论、遗产活化理论等相关理论，运用文献考证、田野调查、体验研究等方法，以晋中文化生态保护实验区为典型案例，对晋中文化生态保护实验区文化生态保护与旅游发展进行了从理论到实证的系统研究，并得出了几个重要观点。

山西省是全国非物质文化遗产较为丰富的省份。非物质文化遗产不仅是历史的积淀，也是一种充满活性的文化，山西省非物质文化遗产是山西省旅游产业从观光型向休闲度假型调整的重要支柱。山西省丰裕多彩的文化遗产为山西省打造省域国家级文化生态保护区提供了基础。晋中文化生态保护实验区是作为“核心”存在的山西省唯一一个国家级文化生态保护实验区，是保护特定的“晋”文化代表。晋中文化生态保护实验区所处区域，历史文化遗存厚重而独特，是山西非物质文化遗产项目最集中的重点地区，从其历史典型性、资源多样性、遗存传承性等特点来看，是华夏传统文化的典型代表和重要组成部分。以晋中文化生态保护实验区为代表的山西非物质文化遗产为山西省产业转型升级提供了可能，文化旅游业被提到山西省国民经济发展的战略高度。打造富有特色和魅力的文化旅游强省势在必行。对非物质文化遗产的旅游化利用成为研究热点。非物质文化遗产“活态化”旅游利用是晋中文化生态保护实验区旅游发展的强劲动力和强大内核。“活态化”旅游利用成为晋中文化生态保护实验区旅游发展的关键所在。

本书深入分析晋中文化生态保护实验区文化生态保护模式，提出了博物馆模式、文化生态保护区模式、文化旅游小镇模式、节庆展演模式四种模式，并以典型案例做了深入的研究。

该书在以下几个方面有所创新：

一是，作者从文化生态保护与旅游利用的角度去探讨文化生态保护与旅游互动。“活态化”旅游利用是达到文化遗产“活态保护”的最有效的途径，从该角度思考文化生态保护和旅游利用，能够达到一种良性互动，保护和发展的完美结合。

二是，作者通过典型地区案例分析遗产活化问题，为文化生态保护与文化遗产旅游提供了一种新思路、新方法。文化生态保护核心在于保护外显化的物态化遗产和内蕴化的非物态遗产，旅游化利用促进了这种保护。

中国科学院研究员、博士生导师

2022 年 4 月 27 日

目录 ■■■■

第 1 章

绪论

旅游是知识之路。

——［英］麦金托什

1.1　研究背景

1.1.1　文化生态旅游成为“新高地”

在旅游发展的初级阶段，人们主要以游览名胜古迹和自然景观为目标，即所谓的“观光旅游”，但随着经济、文化和教育的发展，人们不再满足于单纯的“观山看水”，而更多地要求在旅游的过程中获取知识和体验生活。人们旅游需求的多层次发展势必倒逼旅游业无论在形式上还是在内容上均要呈现出多元化的特点。从形式上讲，自助游等旅游形式将越来越普遍；从内容上讲，工业旅游、农业旅游等将会成为新的热点。旅游活动本身就是一种文化行为。尽管旅游者出游动机各异，但是从某种程度上讲，旅游活动就是旅游者用货币购买的一种“异地”文化体验行为。因此从某种程度上可以讲，文化是旅游业的灵魂，文化资源是旅游地实现持续发展的源泉。旅游本身的文化功能是内在的。旅游企业是生产文化、经营文化和销售文化的企业，旅游者进行旅游活动，本质上也是购买文化、消费文化、享受文化。在旅游开发、管理和经营的过程之中没有文化就没有竞争力。因此，旅游业发展首先要注重文化内涵。无论是文化性、生态性、探险性还是度假性的旅游项目，都要充分挖掘其文化内涵。可以说，对文化内涵的注重已经成为旅游业竞争的起点。然而，旅游业在传统的旅游发展模式下，往往忽视旅游活动对旅游地文化资源的破坏性影响，再加上目前的旅游行业对保护旅游地文化生态环境的意识明显不够，致使许多旅游地的文化环境遭受了严重破坏，文化资源不断流失，整体的旅游吸引力下滑。在当前的文化资源开发“热”过程中，一哄而起竭泽而渔地过度开发、重文化形式轻文化内涵的浅层开发、急功近利走样变味的所谓“保护开发”等现象也是随处可见。文化资源如何实现可持续利用已经成为迫切研究和解决的问题。旅游方式的变革客观上要求人们的旅游理念也发生根本性变革。在这样的背景下，文化生态旅游应运而生。

生态旅游是经济发展、社会进步、环境价值的综合体现，是以良好生态环境为基础、保护环境、陶冶情操的高雅的社会经济活动。因此，生态旅游是最值得开展的旅游方式，它相较于传统旅游活动的重要意义在于游览地区的生态环境、当地的民族风俗和传统文化得以完整地保存，不至于因为旅游的开发导致当地人文、地理环境的破坏。对于游客而言，参与生态旅游可以领略世界各地的原始风光和原汁原味的民族风俗、民族文化，当地的经济得以发展的同时，其原有的一切景色和文化不受丝毫破坏，为他人、为世界保留下珍贵的历史印记。

随着生态旅游的迅速发展，我国的文化生态旅游也逐步走向国际化和现代化。旅游方式朝着个性化和多样化的方向发展。各种内容丰富、新颖独特的旅游方式和旅游项目伴随世界旅游经济的发展逐步增多，文化生态旅游也必定会成为旅游业的一个新增长点。文化生态旅游是以文化景观为基础，包括享受文化生态和保护文化生态环境及文化完整性两个方面。文化生态旅游的物质基础主要是特定的地理环境、文化载体的宗教寺庙、民居建筑、民族服饰、饮食习惯、节日庆典等有形物，也包括区域精神、区域气氛、区域风格等无形物。文化生态旅游是目前甚至今后较长一段时间的旅游发展方向。文化生态旅游是一种以可持续发展为核心的旅游方式，旅游目的地偏向于社会文化区域，是文化旅游和生态旅游的结合体。旅游者往往具有较高的素质和精神追求，能够在旅游的过程中获得文化教益。旅游业是文化与经济高度融合的产业，许多旅游业发达的国家都高度重视文化因素在旅游产业中的积极作用，开始研究游客文化消费需求，并依托各自特有的文化资源开发出经典的旅游产品，取得了良好的经济效益和社会效益。我国民族众多，文化的多样性和异质性对境外游客产生了强烈的吸引力，因此大力发掘我国各民族文化旅游资源，是我国旅游发展战略的一项重要内容，也是当前学界和业界都非常关注的重要课题。

1.1.2　文化生态保护研究引人关注

文化生态系统是文化与自然环境、生产生活方式、经济形式、语言环境、社会组织、意识形态、价值观念等构成的相互作用的完整体系，具有动态性、开放性、整体性的特点。加强文化生态的保护，是文化遗产保护工作的重要组成部分[1]。随着经济全球化趋势和现代化进程的加快，我国的文化生态正在发生巨大变化，文化遗产及其生存的环境受到严重威胁，一些依靠口传心授和行为传承的非物质文化遗产正在不断消失；不少历史文化名城（街区、村镇）、古建筑、古遗址及风景名胜区的整体风貌遭到破坏；在传统文化遗存相对丰富的地区，民族或区域文化特色也在不断消退。为了更好地对非物质文化遗产、物质文化遗产、自然遗产及其保存、生存的环境进行整体性保护，不断优化"非遗"的生态环境，国家设立了文化生态保护区。文化生态保护区的设立，标志着我国非物质文化遗产保护工作由静态的、单项的保护进入动态的、整体性保护新阶段。

1.2　研究目标和内容

1.2.1　研究目标

文化生态保护（实验）区的文化生态保护与旅游发展互动研究具有重要的理论和实践意义。文化生态保护对于未来旅游发展具有重要的作用，特有的文化生态是未来旅游业的主要依托和旅游业态开拓的重要方向，文化生态保护（实验）区各种遗产文化（包括物质文化遗产、非物质文化遗产）的挖掘深度和展现内容直接影响着旅游者的旅游体验。文化生态保护的主体是生产、生活于特定环境中的社区居民，其是保证文化活态生存、可持续利用与发展的基础。保护特定区域的文化生态，就是保护和建构区域文化的传承机制、建立和完善传统文化的适应机制、建立本土文化与外来文化的交流机制、文化生态建设与自然生态建设的结合机制。保护非物质文化遗产的“活态保护”应由非物质文化遗产的传承人、非物质文化遗产的空间和非物质文化遗产的时间三个部分组成一个动态的文化场，在这个场中进行着疏通传承渠道、存留文化空间和延续文化时间的工作，以达到非物质文化遗产保护的目的。通过保护促进传承，又在传承中得到保护。如何能够更好地实现这一保护的目标，旅游利用是达到文化遗产“活态保护”的最有效的途径。对原生态文化遗产整合开发有利于文化保护的统一性与坚实性，文化生态旅游是保护文化多样性的重要途径，而旅游开发带来的收益是对原生态文化保护的保障。寻求文化生态保护与旅游可持续发展的良性互动机制成为学者们的研究热点，并取得了一定的成果。

理论目标：构建文化生态保护与旅游利用互动机制，丰富文化生态保护的理论研究，同时也有利于实现文化遗产旅游的文化内涵的深层次挖掘，提升文化旅游的层次，实现文化遗产保护与旅游开发良性循环发展；加强文化生态保护与旅游的互动作用机制研究，既是文化生态保护的需要也是旅游可持续发展的关键所在。构建文化生态保护与旅游利用的互动测评体系，能够量化旅游对文化生态保护的效应。

实践目标：厘清文化生态保护与旅游利用的良性互动机制是实现文化生态保护与旅游可持续发展的关键所在。加强文化生态保护个性与旅游开发共性模式的研究可以促进文化生态保护（实验）区文化生态的良性发展，保证保护区内文化遗产保护与旅游开发的良性互动；为地方政府部门保护文化生态保护（实验）区内的非物质文化遗产和旅游利用提供了理论指导。

1.2.2 研究内容

(1) 文化生态保护（实验）区文化生态保护与旅游互动模式研究。通过查询文献以及对晋中文化生态保护区的实地调研，构建文化生态保护区旅游互动模式。

（2）山西省非物质文化遗产时空分布特性研究。从时间维度厘清山西省非物质文化遗产在不同的“非遗”名录中的赋存状况及特点；从地理学的视角，探索山西省非物质文化遗产空间分布呈现的特性和规律性，构建山西省非物质文化遗产时空分布图谱。

（3）晋中文化生态保护实验区非物质文化遗产保护与旅游利用模式研究。通过文献考证、实地调研，挖掘晋中文化生态保护区文化遗产的文化价值、经济价值、社会价值，文物价值、艺术价值和生态文化价值；在此基础上，分析晋中文化生态保护区非物质文化遗产具有的旅游价值，思考如何将潜在的内在文化“活化”和外显化；提出不同的旅游利用模式。

（4）晋中文化生态保护实验区旅游文化小镇建设研究。推动与传播非物质文化遗产的文化价值、经济价值、社会价值，不仅带动了当地旅游文化小镇的经济发展，同时也有利于非物质文化遗产更好地保护。通过旅游文化小镇的开发建设，有利于进一步创新城镇化发展路径，实现山西省旅游资源的高效整合，推动旅游小镇的品牌化发展。

1.3　研究思路、技术路线及方法

1.3.1　研究思路及技术路线

在梳理和分析相关文献资料的基础上，运用 ArcGIS 绘制山西省非物质文化遗产时空分布图谱；提炼出文化生态保护（实验）区文化生态保护与旅游发展互动机制，并提出相应的政策建议。构建文化生态保护区文化生态保护与旅游发展的互动体系以及打造旅游特色小镇途径。具体内容如下：

（1）首先通过资料的收集和整理，梳理山西省非物质文化遗产时空分布的图谱脉络，总结山西省非物质文化遗产的历史文化价值、旅游利用价值。

（2）通过资料的收集和整理，厘清晋中文化生态保护实验区的文化生态发展的历史脉络，总结晋中文化生态保护实验区非物质文化遗产的历史文化价值以及旅游利用价值。

（3）从互动的动力因素、互动行为等角度进行文化生态保护与旅游利用的研究。

（4）从晋中文化生态保护实验区非物质文化遗产“活态化”利用中，凝练晋中特色，构建晋中文化生态保护与旅游“活态化”利用模式，提出促进文化生态保护与旅游利用良性互动的晋中模式。

（5）结合晋中文化生态保护实验区非物质文化遗产类型分布等情况，构建晋中文化旅游特色小镇创新途径。

总体研究框架如图 1－1 所示。

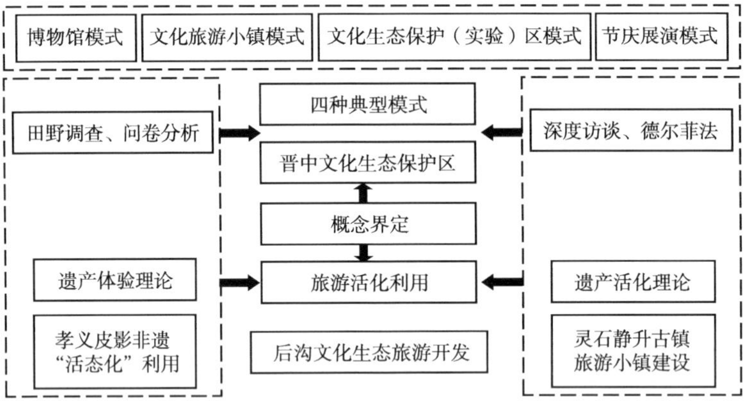

图 1－1　总体研究框架

1.3.2　研究方法

（1）文献资料法。笔者通过“中国知网”资源系统检索“文化学”“生态学”“文化生态学”“文化生态系统”“文化生态保护”等关键词，同时查阅涉及“旅游利用”“旅游活化”“非物质文化遗产”等相关文献著作，下载并阅览了相关文献资料近 3000 篇，通过收集这些书籍和文献资料，结合笔者对山西省以及晋中文化生态保护实验区的实地考察，对所研究的问题进行了深入的思考、分析和讨论，为本书研究提供了丰富的理论依据。

（2）田野调查方法。田野调查法即实地考察法，是遵循人类文化学、考古学等学科经常使用的一种进行资料收集并考证材料的研究方法。为获取丰富而翔实的研究材料，笔者在书稿撰写过程中深入山西省多个县市实地考察 3 次，每次考察时间为半个月，采用采访、访谈等形式获得第一手材料。第一，准备阶段。选定平遥、灵石、太谷、孝义、汾阳等地的非物质文化遗产旅游经营者为调查对象，确定调查范围，拟订调查计划、表格、问卷、谈话提纲等。第二，调研阶段。按调查计划开展调查活动，就“非遗”旅游经营者提出对问卷结构存在的问题进行调整；在平遥、灵石、太谷、孝义、汾阳等地进行专业问卷调查，从而收集准确的“一手数据”，保证采集数据的准确性、可靠性、真实性、有效性。第三，结束阶段。整理“非遗”旅游地收集的数据材料，包括分类、统计、分析、综合等工作。

（3）专家访谈法。在书稿选题和撰写期间，分别访谈了文化生态、生态旅游、非物质文化遗产等方面的专家学者 20 多名，就文化生态学相关理论和遗产旅游活化利用等问题进行询问与请教。

（4）比较研究方法。晋中文化生态的变迁同晋中社会政治、经济、文化的发展密切联系，具有独特的地域特色和时代特色。故此，与历史文化发展相适应，各个时代的文化遗产既有深厚的历史传承也有鲜明的时代发展，对这些内容比较研究是本书的研究方法之一。

（5）系统论方法。系统是由相互联系、相互制约、相互作用的若干要素组成、具有特定功能的有机整体。系统论是关于研究一切综合系统或子系统的一般模式、原则和规律的理论体系，包括系统概念、一般系统理论分析及系统方法的应用。文化生态保护与非物质文化遗产旅游的研究对象是以非物质文化遗产作为资源基础的旅游所引发的现象和关系的集合。在非物质文化遗产旅游的研究系统中，非物质文化遗产资源及其特性研究是研究系统的基础，非物质文化遗产的保护研究及非物质文化遗产旅游产品研究是研究系统的核心，非物质文化遗产的历史价值如何，非物质文化遗产的旅游利用模式如何都是必不可少的、有机联系的整体。以非物质文化遗产历史文化价值和旅游利用模式为基点，可扩散到旅游开发体系、行业管理体系、社区参与体系等子系统的研究。本书仅就该系统中核心的因素即非物质文化遗产历史文化价值和旅游利用模式进行研究。

1.4 选题的意义和价值

文化生态保护（实验）区是在文化生态理论指导下的文化生态实践。它的建设，是根据同一性质的区域文化特点，选定传统文化保存相对完整、在生产方式和生活方式及观念形态方面具有一定代表性、在价值观和民间信仰以及诸多文化具体表现形式方面具有突出特点的人群聚落空间予以特别的关注，使这一特定地区的传统物质文化遗产和非物质文化遗产能够得到有效的保护和健康的传承。设立文化生态保护（实验）区，对于推动非物质文化遗产的整体性保护和传承发展、维护文化生态系统的平衡和完整，对于提高文化自觉，进而促进经济社会全面协调和可持续发展，都具有重要意义。

文化的发展是在文化—环境—人三者动态平衡的时空中不断演进的。依赖于农耕文化产生的非物质文化，在现代化的城市中，逐渐丧失传承存在的生态状况。因此，非物质文化遗产的保护与传承取决于在现代城市中如何构筑起适合非物质文化遗产生存的再生文化生态（相对于原生文化生态），从而形成对非物质文化遗产的一种常态性保护和开发。文化生态保护就是保护适合非物质文化生存的土壤，突出整体性特点：一是环境的整体性，即并不单纯保护文化的符号、语言、规范等，而是从可持续发展的角度，全面保护文化及其赖以生存的生态环境，这既涉及自然环境，也包括经济环境、政治环境、社会环境等。二是非物质文化与物质文化的整体性，即互相依存的非物质文化遗产和与之相关的物质文化遗产之间是有机统一的整体，包括历史文化名城、名村以及依附于其上的非物质文化遗产包括口头传说和表述、语言、表演艺术、社会风俗、礼仪、节庆、传统的手工艺技能等以及与上述传统文化表现形式相关的文化空间。三是文化生态保护突出参与性特点。文化生态保护的主体是生产、生活于特定环境中的社区居民，他们也是保证文化活态生存、可持续利用与发展的基础。文化生态保护是一种理念，也是一种方法。保护特定区域的文化生态，应做好“保护和建构区域文化的传承机制、建立和完善传统文化的适应机制、建立本土文化与外来文化的交流机制、文化生态建设与自然生态建设的结合机制”等。区域文化生态保护研究的重点和关键是与生产手段相关联的行为模式及其影响。

晋中文化生态保护实验区是 2010 年 6 月由文化部正式批准建设的第八个国家级文化生态保护实验区，其区域范围涵盖晋中市全境与太原、吕梁 8 个县（市区）共 19 个县级行政区域，该区域的历史典型性、资源多样性、遗存传承性在国内首屈一指，在中华民族多元一体文化格局中占有十分突出的地位，是华夏传统文化的重要组成部分和典型代表。其中榆次、太谷、祁县、平遥这四个县（区）历史特征显著、文化遗存集中，处于文化生态保护的核心区。生态保护区内既有乔家大院、王家大院、双林寺、晋祠、平遥古城等物态化文化遗产，还有丰富的、与生产生活密切相关的各种非物质文化遗产，如民间文学（如牛郎织女传说、晋祠水母娘娘传说），传统音乐（如锣鼓艺术、左权开花调），传统舞蹈（如寿阳爱社、临县伞头秧歌），传统戏剧（如晋剧、祁太秧歌、孝义木偶戏、临县道情戏），曲艺（如太原莲花落、平遥弦子戏），传统体育、游艺与杂技（如风火流星、心意拳），传统美术（如山西民居砖雕、清徐彩门），传统技艺（如山西老陈醋传统酿造技艺，郭杜林晋式月饼制作技艺，平遥推光漆器技艺，三雕——砖雕、石雕、木雕、琉璃制作技艺，民居建造技艺），传统医药（如药膳八珍汤、龟龄集传统制作技艺），民俗（如晋祠庙会、清徐徐沟背棍），以及根植于传统农耕文化中的农业习俗节日、醋文化、酒文化、农时文化等。但随着生产、生活的发展，“晋中”不再是传统意义上的城市，非物质文化遗产的自然生存传承已不复存在，这就需要关注文化生态，为其搭建合适的社会生存环境。对于晋中文化生态保护区内的物质文化遗产和非物质文化遗产应该采取不同的措施来实现保护的目的。对于物质文化遗产更多的是挖掘其内含的“文化因子”，达到“活化”利用，而非物质文化遗产运用“活态保护”模式是其最佳的保护方式。一是采取分层次的开发模式，即按照非物质文化遗产的类型分层次开发：对音乐、舞蹈、戏曲等表演类遗产应优先开发；对工艺、美术类等生产性遗产重点开发，进行产业化开发；对仪式、节事、习俗类制度性遗产应控制开发。二是旅游利用是达到文化遗产“活态保护”的最有效的途径。

关于旅游与文化生态保护的研究较少，研究内容也较为宏观。大多处于呼吁旅游可持续发展与文化生态保护的初级阶段，缺少保护的技术性、可操作性措施，缺少对案例地的深入调查及案例地之间的比较研究。研究方法较为单一，缺少定量研究，且跨学科的交叉与综合研究也较为缺乏。旅游与文化生态保护的研究，无论在理论还是实践上都处于探索阶段。因此，分析晋中文化生态保护与旅游发展互动研究无论在理论方面还是实践方面都具有重要的意义和价值。

1.5 研究的重点、难点和本书创新之处

1.5.1 研究的重点

(1) 构建了文化生态保护（实验）区文化生态保护与旅游利用的互动体系。

（2）绘制山西省非物质文化遗产时空分布图谱。

（3）以晋中文化生态保护实验区为例进行实证研究，提出晋中文化生态保护实验区建设原则；在理论分析基础上，构建了晋中文化生态保护实验区非物质文化遗产“活态化”利用模式。

（4）晋中文化生态保护实验区“非遗”小镇旅游发展模式。

1.5.2 研究的难点

晋中文化生态保护实验区文化生态保护和旅游利用互动模式的构建。

1.5.3 研究创新之处

（1）研究视角的创新。文化生态是个较为新兴的研究课题，研究者们对文化生态的探讨还仅集中在对文化生态基本理论的探讨及当前文化生态所面临的问题上，而对于如何构建良好的文化生态的探讨还处在起始阶段，研究视角主要是从协调文化内部各要素之间的关系出发。而文化生态作为一个有机的整体，对它的构建应当从更为系统的多元角度出发考虑，从文化生态保护与旅游利用的角度去探讨尚属少见。旅游利用是达到文化遗产“活态保护”的最有效的途径，从该角度思考文化生态保护和旅游利用，能够达到一种良性互动，保护和发展的完美集合。

（2）研究理论创新。本书提出了遗产活化分层理论，并通过典型地区案例分析，为文化生态保护与文化遗产旅游提供了一种新思路、新方法。遗产具有丰富的文化内涵，物质遗产、非物质遗产等都是遗产大军中重要的一员，文化生态保护在于保护外在的物态化遗产和内涵的意态化遗产，旅游利用促进了这种保护。随着旅游的发展，文化遗产成了重要的旅游资源、旅游吸引物。但大部分的旅游地并没有把文化遗产的文化内涵外显，许多旅游地仅仅是采取“静态”展示的方式来进行，而静态展示已经不能满足体验旅游的需求。遗产

"活化"要体现层次性原则。对于各种非物质文化遗产其利用的方式也是不同的。遗产"活化"要突出"文化信息"这个核心要素，这是文化遗产的价值源；要突出"无形文化载体"（非物质）初级载体要素；突出"有形文化载体"（实物）多级载体要素，由文化信息与无形或有形文化载体（介质、实物）相结合构成"文化资源"的主体；突出"文化景观"要素，由文化信息、文化载体与文化环境要素相结合，构成了完全的"文化资源"整体。在旅游利用过程中，恰好使得文化生态的各个不同因子得到很好的保护，达成一种良性互动。

（3）研究方法的创新。本书运用分析和综合研究、比较研究、实证研究、交叉研究、历史与现代相结合的研究等方法，提出了文化生态保护与旅游利用良性互动的模式，构建了两者良性互动机制。

第 2 章

概念界定、研究现状与理论基础

旅行对我来说，是恢复青春活力的源泉。

——［丹麦］安徒生

2.1　概念界定

2.1.1　文化生态

生态是生物通过同化和异化与环境之间不断地进行物质交换和能量转换以实现新陈代谢，是生物与环境之间的互动关系。生态系统是由生命系统和环境系统在特定空间的结合所构成的体系。“文化生态”是借用生态学的方法来研究文化现象而产生的一个概念。“文化生态系统是文化和自然交互作用之融合的总称。”[2]一种文化的起源、特质、演变，与这种文化所处的环境具有密切的关系，文化生态学正是“一个社会适应其环境的过程进行研究，以确定文化对其环境的适应将如何引发若干变迁”[3]环境之间的关系。黑格尔认为，自然环境是人类历史的地理基础，是人类社会发展的重要因子[4]。文化作为人化的过程和产物，其重要的生态环境之一是自然环境。人类所创造的每一种文化都是一个动态的生命体，在这样一个动态生命体中，各种文化交流互动、互相吸收从而形成不同的文化群落、文化圈、文化链，从而形成具有不同地域文化的文化圈层，每一文化圈层都为维护整个人类文化的完整性发挥着自己独特的作用[5]。

从理论资源来看，国内学界的文化生态研究比较充分地吸取了“生态系统”的思想观念，往往是把其研究论说的文化视为“生态系统”，从而形成了全球化时代中国语境中的“文化生态”研究。当然，作为生态系统的文化，不同学者各有侧重，内涵界定也有所不同[6]。

其一，从文化的多样性出发，把人类文化的不同样态之间的互补发展、共生共荣的状态视为文化生态。方李莉在《文化生态失衡问题的提出》一文指出，中国语境的“文化生态”概念和美国人类学文化生态学派所说的“文化生态”不完全一样。[7]斯图尔德所说的“文化生态”，是指人类的文化和行为与其所处的自然生态环境之间互相作用的关系。在这层含义之外，还有另一层含义，就是以一种类似自然生态的概念，把人类文化的各个部分看成是一个相互作用的整体，而正是这样互相作用的方式，才使人类的文化经久不衰，导向平衡。吴圣刚也认为，“这些不同特质、不同品种的文化并不是孤立的，它们和其他文化相互比较而存在，相互吸收而发展，每一种文化都是一个动态的生命体，各种文化聚合在一起，形成各种不同的文化群落、文化圈、甚至类似生物链的文化链，并共同构成了人类文化的有机整体，这就是我们理解的文化生态”[8]。

其二，从文化的内在结构出发，把一个文化系统内部不同文化形态之间的互补发展、共生共荣的状态视为文化生态。孙卫卫认为，“文化生态应是指一定时期一定社会文化大系统内部各种具体文化样态之间相互影响、相互作用、相互制约的方式和状态。换言之，文化哲学视野的文化生态研究，试图把特定社会的总体文化构成，看作是多个子文化的有机集合，注重它们之间的融通和互动，并以此为解读文化演进和文化变迁的重要依据”[9]。钟淑洁把主流文化、精英文化、大众文化作为我国当前文化生态的构成子集，并从实践层面分析了彼此之间相互依存、相互影响、相互作用的辩证关系，提出要以主流文化引导大众文化，以精英文化提升大众文化，以大众文化滋养主流文化与精英文化，实现文化生态的健康互动、良性循环[10]。

当然，除了上述两种赋予文化生态以全新内涵的界定外，我们不能忽视直接延续斯图尔德而又有所发展的“文化生态”概念。邓先瑞认为：“文化生态旨在研究文化与生态环境的相互关系，它是生态学产生并发展到一定阶段后与文化嫁接的一个新概念。”“文化系统与生态环境系统的耦合即是文化生态的内涵”，“文化生态是一个自然#社会#经济复合生态系统”。由于文化生态涉及面广泛，他认为：当前宜将和谐人类文化与自然环境关系作为突破口，着重进行研究[11]。梁渭雄、叶金宝认为：“文化生态学是研究文化与环境的互动关系的理论，这里所说的环境包括影响文化生存发展的一切因素，大体上包括外环境和内环境。外环境如社会经济制度、政治制度和自然地理状况等；内环境则是指文化范围内的各种不同文化，如不同民族、不同宗教、不同学派和不同地域的文化等。”[12]

2.1.2　文化生态旅游

文化生态（Cultural Ecology）是一种历史过程的动态积淀[13]，特定区域的历史文化传承和特定地理生态环境造就了特定的文化生态。维护文化生态平衡和文化完整性的重要性逐渐为人们所认识。随着文化旅游开发中文化生态问题日益突出，维护文化生态平衡和文化完整性的重要性逐渐为人们所认识。尤其是随着旅游活动对区域社会文化的破坏越来越严重，文化生态问题引起了生态旅游学界的高度重视，寻求旅游可持续发展与文化生态保护的良性互动机制成为学者们的研究热点，由此形成了文化生态旅游学理论。文化生态旅游理论的基石是文化生态学，而文化生态学的基本理论来源于生态学[14]。当前，文化生态旅游理论的学术特征是把文化视为一个有机的生态系统，即把文化生态系统看作是文化和自然交互作用之融合的总称[15]。

文化生态旅游是一个旅游经营者、游客和当地居民共同参与、互动共赢的过程。它既需要生态化的文化旅游产品，也需要生态化的文化旅游行为——生态化保护。文化旅游产品的生态化保护主要体现在三个方面：一是游客在旅游过程中尽情欣赏和享受文化生态之美。二是游客在欣赏和享受的同时，与旅游经营者一起共同维护文化生态的完整与良好。文化尊重是文化生态旅游的重要原则，其核心思想是旅游开发者、经营者和旅游者共同体现的对旅游地文化的尊重。这就需要旅游开发者、经营者顺应旅游发展趋势，在展现文化生态深厚魅力的过程中，设计一些令游客向往、愿意参与其中的旅游活动，把历史文化、民间艺术、民俗风情、宗教文化等地域文化生态精华纳入可参与的旅游活动中来，让游客在参与中体验，在体验中认同，在认同中保护，逐步实现旅游活动的人文化、生态化和动态化，推动文化生态旅游的可持续发展。三是当地居民积极参与文化生态旅游活动，从中获得经济、文化和环境效益[16]。

文化旅游是感受和体验异地异质文化、满足文化介入或参与需求冲动的过程。生态旅游是指人们以享受大自然和了解大自然为目的的旅游活动过程。文化旅游与生态旅游在某种时候具有重合部分，重合之处即为文化生态旅游。“文化生态旅游是集生态旅游、文化旅游于一体的新型旅游概念”[17]，应注重合理保护与妥善开发并重的发展战略[18]。文化性旅游资源的生态化挖掘是文化生态旅游资源开发的实质[19]。文化生态旅游是使旅游者获得文化教益的一种专门层次的旅游活动[20]，“以特定区域环境下特定行为模式关系作为文化生态学研究主要内容观点，尤其是确定区域‘文化内核’是与生存和经济行为关系最密切的那部分文化[21]密切相关的认识无疑是具有重要的引领作用”，它是文化景观、文化群落以及文化生态系统的空间载体，并以其位置、自然环境、资源条件等赋予它们基本特色。探讨特定地域文化三大层面，即物质文化层、精神文化层与制度文化层相互渗透、互为表里的关系也是文化生态研究的核心内核，其中精神文化层也就是意态文化是文化生态旅游研究中需要着力去思考的问题。这些文化层不仅包括可以看得见的物质文化景观，而且还包括非物质的、人类可以意会和理解的文化景观，如意识形态、思想状况等。从旅游资源开发的角度来看，这些文化景观除了作为文化载体的特色城镇、文物古迹、古建筑、宗教寺庙、民居建筑、民族服饰、饮食习惯、节日庆典等外，还有一种可以感觉但难以表达的气氛感情、风格等，如宗教文化区域、民族风情区域等地的区域精神、气氛、风格等，而这些难以表达的气氛感情、风格等主要以各种非物质文化遗产体现出来。因此，文化生态保护的重点在于保护特有的文化生态氛围，文化生态旅游开发的重点在于非物质文化遗产等“文化因子”。

综上所述，我们可以将“文化生态旅游”界定为：以了解特有的文化与历史知识为旅游目的，体验、感受和欣赏特有的文化景观，使旅游者获得文化教益的一种专门层次的旅游活动。

当前文化生态旅游的蓬勃发展暴露出很多问题，尤其是文化实地开发过程中发生的文化同化、异化和消亡的问题。我们从系统论的角度重新去认识这些现象就能发现，文化生态旅游其实质是人类对自我认识的否定之否定过程，而演化性是文化生态系统的基本属性，遗传性和变异性是文化生态系统的基本特征。我们要在尊重这些文化生态旅游的基本特性的基础上，去探讨文化生态资源在开发中的问题，在文化经济开发和文化的生态价值之间寻求调和，挖掘主体在文化传承中的能动作用，更多地关注于文化生态系统在旅游开发过程中的优化问题，增进系统的和谐，促进文化生态旅游的健康发展[22]。

2.1.3　文化生态保护（实验）区

文化生态保护（实验）区是对非物质文化遗产的整体性保护，是对特定区域的空间性保护，这一空间并非物理性的地理空间，而是基于地理空间之上的文化空间，更是基于民众共同生活创造的文化空间[23]。因此，文化生态保护（实验）区本质上是以人为核心构建的文化关系空间，文化生态保护（实验）区建设的核心就在于建设文化生态保护（实验）区内维系非物质文化遗产传承发展的关系及其谱系。

文化生态具有不可再生性，人居环境一旦遭到破坏，将是人类文明的损失。保护文化生态体现顺应自然、天人合一的理念，而留住乡村记忆则是从文化传承的角度诠释以人为本的城镇化内涵，充满了人文情怀。近年来，文化生态保护和建设已逐渐成为社会共识，特别是在城镇化不断加快的进程中，如何传承和发展传统文化，实现美好人居环境与和谐社会的共生共荣，是当前亟待研究和解决的一个重大课题。与以往的文物保护、文化遗产保护或文化生态博物馆等相比，文化生态保护（实验）区最大的不同在于文化生态保护（实验）区是在一个特定的空间里，通过对文化生态环境的整体保护和优化，来实现对文化和文化遗产的有效性保护和传承[24]。

文化部（2007）确立了文化生态保护（实验）区概念，即在一个特定自然和文化生态环境区域中，有形的物质文化遗产和无形的非物质文化遗产相依相存，并与人们生活的自然和文化生态环境密切相关、和谐相处，在一定历史和地域条件下形成的文化空间，它与人们在长期发展中逐步形成的生产生活方式、风俗习惯和艺术表现形式，共同构成了丰富多样且充满活力的文化生态。文化生态保护（实验）区采纳了国外文化生态保护空间的基本概念内涵，融合了文化生态学理论，在国际上是继生态博物馆、文化线路与国家遗产区域之后新确立的文化生态保护空间。划定文化生态保护（实验）区，将民族民间文化遗产原状地保存在其所属的区域及环境中，使之成为“活文化”，是保护文化生态的一种有效方式[25]。为此，《国家“十一五”期间文化发展规划纲要》明确提出设立国家级民族民间文化生态保护（实验）区。

北京大学教授高丙中提出，“以保护非物质文化遗产为核心，对历史文化积淀丰厚、存续状态良好，具有重要价值和鲜明特色的文化形态进行整体性保护，从项目化到整体化，避免了碎片化、单一化管理”。文化生态保护（实验）区的整体思维体现在多维度、全方位的融合上：“非遗”和传统村落保护的融合、“非遗”和教育的融合、“非遗”和产业的融合、“非遗”和现代的融合、“非遗”内部各个项目的合作，让有共同观念和相似历史的文化谱系，能总体呈现、整体推进，不断适应现代生活和未来发展。前文化和旅游部副部长项兆伦希望“国家级文化生态保护实验区能进行全方位探索，努力实现‘遗产丰富、氛围浓厚、特色鲜明、民众受益’的目标，促进传统文化的创造性转化和创新性发展，形成独特的文化品牌和多姿多彩的区域文化，丰富中华文化的内涵和外延”。“文化生态保护区重点是文化关系的建设，是乡土、乡风、乡愁的统筹推进，能激发群众在自己家园内的文化自信，增强幸福感和满足感。”中央民族大学教授林继富在调查中发现，保护和发展并不矛盾，做得好的文化生态区，凸显文化建设对整个经济社会发展的重要意义。文化生态的保护是更高形态的经济，随着对文化的保护和利用，让当地百姓全方位受益：教育机会增加、妇女地位提高、脱贫致富有成效、社会风气净化、地方风情更有特色[26]。

2.1.4　旅游利用模式

模式是一种认识论意义上的确定思维方式，是人们在生产生活实践中经过积累的经验的抽象和升华。简单地说，就是从不断重复出现的事件中发现和抽象出的规律，是解决问题形成经验的高度归纳总结。亚历山大（Alexander）给出的经典定义是：每个模式都描述了一个在我们的环境中不断出现的问题，然后描述了该问题的解决方案的核心。通过这种方式，你可以无数次地使用那些已有的解决方案，无须再重复相同的工作。旅游利用模式就是解决文化遗产在旅游利用过程中如何实现有效保护和合理利用关系的经验总结，是阐述文化遗产如何活化的问题和如何增强旅游可体验性的一种理论思考。就遗产保护与遗产旅游的关系而言，保护无疑是前提，遗产是旅游赖以实施的平台。没有遗产保护，则旅游无资源；没有保护的约束，则旅游管理无正确指南，经营无正确标准。同样，遗产保护不能排斥而应充分利用旅游。因为通过旅游，才能有效展示和传播遗产的文化价值，才能实现遗产保护理应承担的文化、社会、政治和经济使命，也才能更有助于遗产保护[27]。如何合理的实现旅游利用模式成为人们关注的焦点。目前，我国多数遗产地对遗产旅游价值采取的都是硬开发，而忽视或脱离了对遗产资源真实价值的软开发[28]，主要是建设各种服务设施来开发遗产旅游的商业项目建设，而对于探索科学、美学遗产资源历史和文化价值的软开发则很少问津。不断提高和深化科学和教育以及改善遗产地文化、道德、习俗，为遗产旅游和景观文化管理创新水平，研究资源开发利用价值如何通过审美实践来实现，是遗产旅游研究的重点。遗产价值的核心是它的广义文化价值和知识价值，经济价值由此而派生出来，而作为旅游开发也只是一种附属价值。对于这类遗产资源的旅游利用，关键是关注本真的文化价值开发，注重对于相关历史故事、事件的深入发掘[29]，并且注重保护原址、原物的“本真性”。只有发掘好、利用好本真遗产文化，才能使之转化为动态性、参与性的旅游产品[30]，从而更多的增进旅游者对遗产价值的理解。

文化生态保护（实验）区，其保护的范围不仅是保护区内的非物质文化遗产，还要注重传承和保护与非物质文化遗产相伴共生的其他文化形式。所以文化生态保护（实验）区文化生态保护应该包括物态文化、制度文化、意态文化三个层面的保护。文化生态保护（实验）区文化生态保护与旅游发展互动，就是探索在文化生态保护区如何对三个层面的不同文化形态进行合理化的旅游利用模式，就是思考如何将物态化建筑、制度化的文化和意态化的精神“活化”的过程，如何展示特有的文化生态保护区内文化内涵的过程，如何能够让旅游者走进“遗产”的过程。但不同的文化生态保护（实验）区，其具体旅游利用的模式是有差异的。

2.2 国内外研究现状

文化生态是一个复杂的系统，涵盖宏观、中观、微观三个层面，文化生态研究融合自然科学、社会科学、人文科学的相关理论和方法，这对文化生态保护研究提出了更高的要求，既要运用多学科研究手段和方法，又要使理论与实践形成良性互动。适宜的研究尺度是明确文化生态保护研究范畴的基础[31]。建立文化生态保护区是以保护区域内的“非遗”为核心目标，对传统文化及其生态进行整体性保护，以促进经济社会全面协调可持续发展。在这样特定的区域范围内，无形的“非遗”与历史文化街区、村镇、传统民居和文物等相互依存，与人们的生产生活紧密相连，并与自然环境、经济环境、社会环境、人文环境相得益彰。因此，在文化生态保护区的建设中，应注意对文化实践整体性的保护，强化整体性保护意识。“非遗”保护与传承离不开其所处的自然与人文环境，以及“非遗”实践者的生产生活方式、情感精神交流等诸多因素。因此，要以整体性、开放性的视角，在其形成、生长的文化空间中保护好“非遗”，确保其生命力的延续。鉴于目前部分文化生态保护区的工作人员对文化生态方面的认识还有所欠缺，建议加强《中华人民共和国非物质文化遗产法》的学习，并通过相关专题培训进一步深化认识，提高整体性保护意识[32]。纵观国内外研究，主要集中在如下两个方面：

2.2.1　文化生态保护（实验）区的研究

目前国内外对于生态文化保护（实验）区研究的相对较少，我国学者张松[33]以徽州文化生态保护实验区为例，对文化生态保护的区域性策略和整体性方法进行了探讨。卞利[34]也以徽州文化生态保护实验区为例，较为系统地阐述了文化生态保护（实验）区建设中存在的问题，并针对这些问题，提出了一系列解决问题的对策和建议。田玉成[35]则在充分运用自己在创建“文化生态保护（实验）区”的实践中所取得的成果和经验，证明了建好“文化生态保护区”是保护非物质文化遗产的成功之道。李彪[36]在总结我国非物质文化遗产保护工作经验的基础上，认为文化生态保护（实验）区是现阶段我国非物质文化遗产区域性整体保护的有效途径，并从管理模式、保护方式和保护资金的来源等方面提出了实现非物质文化遗产的区域性整体保护的具体措施。刘登翰[37]以闽南文化生态保护（实验）区为例，提出在尊重历史性前提下，既要考虑文化生态保护理论的普适性，又要结合理论对象的特殊性，具体问题具体分析，处理好文化传承与发展的关系。王丹丹[38]研究了闽南文化生态保护实验区有关民间音乐的生态保护。

2.2.2　文化生态保护（尤其是非物质文化遗产保护）与旅游利用关系的研究

文红等[39]从文化生态建设的角度探讨民族文化多样性保护与文化旅游资源适度开发。龚璇[40]以“三省坡”侗族文化旅游为例，对民间原生态文化的传承保护与开发利用进行了研究。刘守华[41]以我国非物质文化遗产不同项目的生存状况为研究背景，阐述了相关文化生态的保护、修复和重建问题。阚如良等[42]认为旅游开发是促进非物质文化遗产有效传承的有效手段，在非物质文化遗产的旅游开发中，应遵循保护为前提的原则，坚持生态旅游开发模式，根植于原生态文化土壤，积极发展社区旅游，使之成为“未来遗产”，以期达到非物质文化遗产传继与旅游经济发展的双赢效果。郑玉玉[43]运用文献分析法分析了旅游与文化生态保护研究进展，提出未来旅游与文化生态保护的研究趋势。李智伟、张超[44]论述了旅游开发中贵州民族村寨文化遗产的保护情况。高梧[45]、马木兰等[46]、梁章萍[47]分别对非物质文化遗产的“活态保护”、旅游产品化的转型模式和表演艺术类旅游开发的活化进行了研究。

综上所述，由于我国“文化生态保护（实验）区”起步较晚，对该方面的研究尚存在不足，仅仅停留在一些浅显的问题和泛泛的策略上，没有对该方面研究进行深化、细化。多数学者站在文化与旅游关系的层面上，从文化生态的视野下来探讨文化保护与旅游开发的关系，具体针对“文化生态保护（实验）区”内文化遗产的保护与旅游发展的研究还较少，尤其是欠缺对文化生态保护区文化生态的有效保护和旅游合理利用进行系统的研究。

2.3 文化生态保护与旅游发展的辩证关系

文化生态是地区文化赖以形成、发展的自然、人为要素及其相互间交错发展而形成的生态系统。发展文化生态旅游以及采取文化生态保护（实验）区模式势在必行。传统的旅游开发是以发展经济为第一要义，而文化生态保护（实验）区旅游开发不同于一般泛化层面上的旅游开发逻辑，其开发更多地着眼于文化生态保护，也即文化生态保护（实验）区首要的任务在于保护，“保护为先，合理利用”是基本宗旨。这种特殊性决定了文化生态保护（实验）区旅游开发过程中不仅要挖掘保护区内文化的经济价值，更多的是弘扬挖掘其文化价值。保护区内旅游产品不仅要获取经济效益，同时也要充分地展示并且传承保护区内的特色文化，这是文化生态保护（实验）区旅游开发的关键所在[48]。

2.3.1 文化生态保护是旅游发展的前提

文化生态保护与文化生态资源旅游开发、利用是一个相辅相成的有机整体，合理开发、利用文化生态资源，实现文化生态的生产性保护与活态传承具有重要意义。文化生态是指在社会和自然环境中文化的生存状态。通过对一定地域环境内文化赖以生存的环境加以改善、优化，使丰富的历史文化遗产获得长久保护和发展[49]是文化生态保护重点。文化生态保护意在强调在保护文化遗产本身的同时还要关注文化与环境的相互作用，让历史文化遗产达到完整性、系统性保护的状态。通过恢复历史文化原貌，营造出适合历史文化遗产生存的环境，使历史文化遗产能够适应周围的环境，从而达到和谐共存状态[50]。文化生态保护强调非物质文化遗产与物质文化遗产相互依存，活态文化则是非物质文化遗产存在的特性，非物质文化遗产又是物质文化遗产的灵魂所在，因此，活态文化保护是文化生态保护的核心。同时，活态文化也是文化生态旅游发展的灵魂所在。文化是旅游的灵魂。在文化生态旅游中，旅游者越来越注重对原始古朴、和谐统一的文化景观的追求，他们希望旅游目的地文化景观保持不变，在其中品尝“原汁原味”的文化。

文化生态旅游资源指的是具有区域特色的文化景观。文化景观是指人类为了满足某种需要，利用自然界所提供的材料，有意识地在自然景观上叠加了人类的创造而形成的景观[51]。它不仅包括可以看得见的物质文化景观，而且还包括非物质的、人类可以意会和理解的文化景观，如意识形态、思想状况等。因此，旅游的发展，尤其是未来文化生态旅游的发展必然依托良好的文化生态资源。文化生态保护是旅游发展的前提条件。

2.3.2 旅游发展是文化生态保护的强劲动力

文化生态旅游是文化旅游与生态旅游发展相结合的一种新形式，是在文化旅游的基础上，用生态保护的观念进行文化旅游资源的开发和利用，尤其是在传统文化旅游开发过程中注重保持文化的原生态风貌，也是生态旅游中重要的一部分。它注重保持文化原生态风貌和文化的存续状态，强调旅游者对文化生态平衡的保护，强调文化生态旅游的可持续发展。发展文化生态旅游，通过参观游览、感知体验等多种方式向游客展现文化生态保护区特定文化的特色，提高社会知名度，吸引更多的游客前来观光旅游。通过发展文化生态旅游带动当地经济发展，一方面实现了对特定地域文化的传承与保护；另一方面提升了人们对特定地域文化生态的认知。通过旅游活动的展开，人们不断感知特定地域文化生态，增强对地域文化的认同感，实现文化生态的传承与保护，从而促进文化旅游资源及文化旅游活动的可持续发展。

作为一种在生态观念指导下的旅游开发形式，文化生态旅游在满足人们文化、生态享受的同时，还担负着保护文化生态环境、培养旅游生态观念、教育旅游者的重大责任，因此，文化生态旅游资源的开发要以科学发展观为指导，始终重视社会效益和环境效益，不能以牺牲社会效益和环境效益为代价追求经济效益。文化生态旅游的发展有利于保存和发扬当地特有的文化，对本地文化的发展起到了积极作用；促进了各地区间的文化交流，相互学习，达到共同进步；当地居民的生活质量和精神文化生活水平得到了提高和改善。

文化生态保护的核心是对非物质文化遗产的保护。非物质文化遗产是人类文明的见证，是民族精神的财富，是不可再生的珍贵资源，文化遗产保护是人类共同的崇高事业。通过文化遗产旅游，可以加强公众对非物质文化遗产重要地位及价值的社会认知度，延续遗产文脉，传承人类文明。不丧失原真性的，科学、合理的旅游发展在更高层面上有利于非物质文化遗产保护。文化遗产旅游必须在科学规划的前提下进行，运用科学的规划、有效的法律手段、合理的政策、科学的指导，促进文化遗产旅游的可持续发展。要正确处理保护、利用与发展的关系，多角度挖掘遗产地的旅游价值。

这种源于经济原因的传统文化保护意识能够同提高人民的文化教育水平相联系，则这种保护就将获得更为有力的保证。对于地域文化生态保护来讲，一个地区的旅游业越发达，当地居民以及城乡居民的收入水平就越依赖于旅游业，他们对当地的文化和自然环境等文化生态就越重视，也就会自愿和竭力地加以保护，自然地，该地的文化生态就发展、保存较好。事实上，许多濒临灭绝的民间工艺品、传统食品、戏剧曲艺、民风民俗等就是在这种背景下，才得到重新发掘、整理、更新和提高的。文化生态保护是保护特定地域整体的文化生态环境，不仅仅是该地的非物质文化遗产。很多成功案例也表明，正是旅游的发展促使了非物质文化遗产的保护，促进了当地文化生态合理的发展。平遥古城文化遗产的合理保护和旅游业的发展就是很好的例证。

2.4　遗产体验旅游理论

2.4.1　体验旅游理论的提出

“人类的经济活动基本上可以分为农业经济、工业经济、服务经济和体验经济四个阶段。不同的经济发展阶段，为我们提供的‘衣、食、住、行’表现出实质性的差别。”体验经济中，企业提供的不再仅仅是商品或服务，更多的是体验。他们从生活与情景出发，塑造感官体验及心理认同，以改变消费行为，为产品和服务找到新的生存空间，用充满感情的力量给顾客留下难以忘却的愉悦记忆。消费者消费的也不仅仅是实实在在的商品，而是一种感觉，一种情绪上、体力上、智力上直至精神上的体验[52]。体验是以服务为舞台，以商品为道具来使消费者融入其中，创造出值得消费者回忆的活动。按照消费者的参与方式（主动参与还是被动参与），体验可分为4个部分——娱乐（Entertainment）、教育（Education）、逃避现实（Escape）和审美（Estheticism）。最丰富的体验是包括四个领域的每一部分的“甜蜜地带”[53]。

在国外旅游学术界中，布斯汀（Boorstin，1964）在20世纪60年代将旅游体验定义为一种流行的消费行为；麦肯奈尔（MacCannell，1973）认为，旅游体验是人们对现代生活窘况的一种回应，是追求一种“本真”体验。直到20世纪90年代，美国学者约瑟夫·派恩（B. Joseph Pine）与詹姆斯·吉尔摩（James H. Gilmore）在其合著的《体验经济》（The Experience Economy）[54]一书中所论述的体验经济时代理论，强调“体验是当一个人达到情绪、体力、智力甚至是精神的某一特定水平时，他意识中所产生的美好感觉”[55]。该理论引起了旅游学者的广泛关注，他们从宏观的旅游业发展到微观的个性化服务都进行了研究。该书从对旅游体验的研究，到旅游特色购物体系、旅游个性化服务、旅游职业道德，再到旅游产品新认识、旅游产品设计、旅游营销、旅游业的发展都进行了一定的探讨。在国内旅游学术界中，谢彦君对旅游体验进行了深入的研究，2000年提出旅游体验质量的交互模型，2005年提出了旅游体验是旅游世界的硬核和旅游体验的情景模型——游乐场，2006年再次提出了旅游体验的两极情感模型：快乐—痛苦[56-59]；邹统钎等探讨了旅游体验的本质，并把旅游体验分为五种类型[60]；宋咏梅等阐述了体验旅游的理论架构与塑造原则[61]；袁国宏等基于体验经济理论对旅游产品价值进行了分析[62]。

旅游体验是指处于旅游世界中的旅游者在与其当下情景深度融合时所获得的一种身心一体的畅爽感受。这种感受是旅游者的内在心理活动与旅旅游者体所呈现的表面形态和深刻含义之间相互交流或相互作用后的结果，是借助于观赏、交往、模仿和消费等活动方式实现的一个序时过程[63]。该定义强调几个方面：第一，旅游体验是一种心理现象，是体验个体集中地以情感或情绪表现出来的愉悦经验；第二，旅游体验与旅游情景有关；第三，旅游体验过程中旅游者在于外部世界取得暂时性联系的过程中，会改变心理水平并调整心理结构的效果；第四，旅游体验是一个互动过程，与体验深度和旅游者的融入程度相关。

从心理学角度，体验分为感官体验和高峰体验。感官体验是人的听觉、视觉、嗅觉、味觉和触觉五大感官系统对外部刺激的反应，是感官需求得到充分满足的结果，属于一般体验。高峰体验则是与人的自我实现等高等级的心理需求相对应的，是一种近乎神秘的体验[64]。与感官体验相比，高峰体验属于深刻的理解与领悟。感官体验是高峰体验的基础，高峰体验是感官体验升华的结果。“这种体验可能是瞬间产生的、压倒一切的敬畏情绪，也可能是转瞬即逝的嫉妒强烈的幸福感，甚至是欣喜若狂、如痴如醉、快乐至极的感觉”[65]。

2.4.2　遗产体验旅游理论的核心

旅游者来到文化遗产地，以身体和精神的方式参与了各项活动并找到了快乐，自然产生了娱乐体验。他们在文化遗产地受到历史文化与民族文化信息的冲击，都会在潜意识中给他们带来新知识与新思想，产生教育的体验。文化遗产，是具有较高的审美价值的文物、建筑群和遗址，通过对它们的参观，旅游者欣赏到了美妙的景物，产生审美的体验。文化遗产旅游是体验经济发展的大舞台。遗产旅游带来旅游者更为深邃的感悟。

人们外出旅游，其主要愿望更多的是通过身体的感觉器官和触觉器官来体验遗产景区的各种自然元素和人文元素，从而获得求知、审美、猎奇、探险及异于日常生活的新鲜感、亲切感、满足感等体验享受。因此，体验经济时代，遗产旅游开发的精髓就是创造和设计遗产文化体验，以独特的文化内涵和足够丰富的体验吸引旅游者，从而促进旅游产业的持续发展。孙根年教授在体验旅游的经营与策划中，曾提出“动机—过程—目标”模式[66]（见图 2 - 1）。其中，动机“三求”是指求补偿（Equalization）、求解脱（Disengagement）和求刺激（Stimulation），这是遗产旅游体验得以形成的核心动力；过程“三性”是指可感知性（Perceptible）、可理解性（Understandable）和可参与性（Participatory)，这是遗产旅游体验经营的关键所在；目标“三感”是指新鲜感(Novelty)、亲切感（Affability）和满足感（Satisfaction)，这是遗产旅游体验要达到的终极目标。遗产旅游经营必须把更多的注意力放在增强旅游景观和项目的可感知性、可理解性和可参与性上，促进资源“活化”“可视化”。景区体验物的塑造和项目的设计应为旅游者获得真实体验创造条件，不管这种景物环境是真实的，是有历史原形的还是人工臆造的，其体验塑造的真实性体现为旅游者“五官”感知，在景区为其所创造的环境中品味旅游景物和项目的内涵，沉迷其中获得真实体验。在历史遗迹开发中尽可能按历史文献恢复其本来面目，为旅游者创造自然真实或历史真实的氛围[67]。

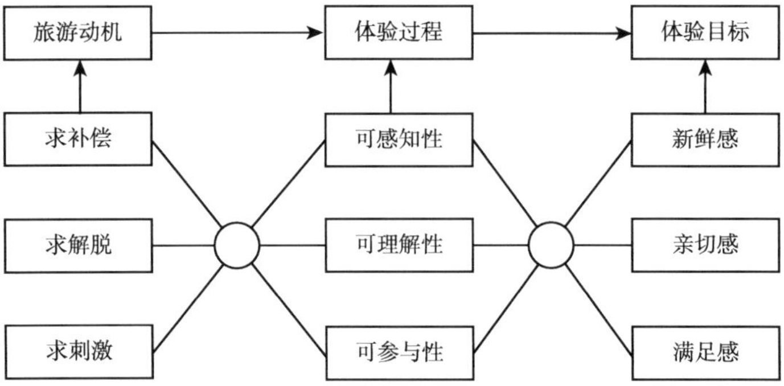

图 2-1　体验旅游的“动机—过程—目标”模式

2.4.3　遗产体验旅游设计的原则

遗产旅游产品向旅游者提供了久远时间、遥远空间、深邃内心的作品[68]。但是内心世界的所思所想必须外化才能成为吸引旅游者的真正所在。因此，如何将内在的文化外显化，如何增强旅游可体验性成为必然。遗产体验旅游设计应遵循三个方面的原则。

一是真实性原则。真实性是体验的一种形式。对于遗产类旅游产品的开发，威廉·瑟厄波德在《全球旅游新论》[69]中论述了遗产性活动的真实性开发的几点策划要素：(1) 遗产活动展示含义（如价值观念、传统和社区的地方观念）；（2）展示相互关系（如人与环境之间、社会群体与文化群体之间）；（3）提供与重要遗产实物、场所、地方或再造的历史活动及生活方式的直接联系；（4）必须是“活生生的”，或者是真正的“特别”活动，这需要一个活动计划的氛围，使之不仅仅能够激发人们求知的好奇心，而且能够感染其情绪；（5）允许居民和旅游者介入现实的社区中；（6）在反映社区的价值观念和准确描述历史活动或事物方面是真实的。

二是主题化原则。主题是体验的基础和灵魂。鲜明的主题能充分调动游客的感官，触动游客的心灵，使之留下深刻感受和强烈印象[70]。遗产体验旅游的主题就是各种不同的遗产，但是各种不同的遗产各有各自的遗产主题，因此，不同的文化遗产地必须结合当地文化遗产的特色将体验主题化，全方位地展示一种文化、一种情调，使游客通过视觉、听觉、嗅觉、味觉和触觉，多层面、多角度地获得一种整体、统一的美好感受，形成难以忘怀的记忆[71]；使参与者置身其中，提供丰富的、具有压倒力量的体验，并且这个主题应展示产品供给方的特色，这有助于旅游者整合自己的体验感受，从而留下深刻印象和长久记忆，达到去旅游地，除了脚印，什么也没有留下，除了回忆，什么都没有带走的体验和感受。

三是参与性原则。所谓参与性是对项目开发和过程设计而言的。全身心的参与是体验产生和获取的关键。提高旅游景物和项目的可感知性和可参与性，是体验时代我国旅游开发的重中之重，这对于促进国内旅游产业的发展、提高其经济效益具有特别重要的意义。参与性是加深旅游者体验的重要途径和措施，参与可使旅游者消除与景区景物之间的隔阂，增强亲切感和满足感[72]。参与并通过互动和亲身经历，能够获得更多的科学文化知识和得到一种“受尊重的需要”的自我心理满足；可更深入地体察自然的奥秘，了解历史文化之精神。由于在文化遗产这个体验舞台上，常常欠缺创新的展示方法和合适的体验活动，难以向旅游者提供深刻的体验，而遗产旅游者来到遗产地是期望跨越时间与空间感受与历史对话的体验。他们来到文化遗产旅游地，不仅仅是“看看”遗产，而是期望得到一种“感觉”，一种通过各种感官体验的深化而得到的高峰体验，一种对触动内心深处的历史文化与民族文化的体验[73]。所以正确选择文化遗产旅游产品“外显化”的文化表现形式，强化遗产旅游产品细节的内涵文化特性，深挖文化遗产旅游产品的内涵，使产品具有文化特色和品位，才能使旅游者真正参与进去，由“局外人”变成“局内人”。

2.5 遗产活化理论

2.5.1 遗产活化理论的提出

遗产活化这个概念是中国台湾地区学者创造的。其创造背景是中国台湾地区为了保存近代化发展的特殊历史背景下遗留下来的产业遗产，同时又不得不面对产业转型与民营化政策实施过程中所带来的种种危机。借用遗产活化概念，实际上是想探讨遗产旅游这个事关遗产类旅游资源转化为旅游产品的战略问题。文化遗产活化是一个很重要的问题，它关系到遗产的保护继承和旅游的开拓创新。因此，遗产活化也就是遗产旅游[74]。遗产具有丰富的文化内涵，物质遗产、非物质遗产等都是遗产大军中重要的一员，随着旅游的发展，文化遗产成了重要的旅游资源、旅游吸引物。但大部分的旅游地并没有把文化遗产的文化内涵外显化，许多旅游地仅仅是采取“静态”展示的方式来进行，显然这种静态展示已经不能满足体验旅游的需求。在文化遗产地，对遗产文化等文物古迹的鉴赏需要旅游者具有一定的专业素养，而具备专业素养的“文化”旅游者毕竟只是少数，这就使大部分遗产旅游者的旅游体验仅停留在浅层。“走马看花”式的急行军旅游需要改变为“下马观花”式的休闲旅游、体验旅游。旅游者的知识构成、态度与接受新事物的能力一定程度上决定了其在进行文化遗产旅游活动时，是“上车睡觉，下车撒尿，拍照留念”等观光旅游，还是深入体验文化遗产地的特有遗产文化内涵。从旅游资源的开发来看，遗产旅游资源需要“活化”，才能实现遗产“有声有形，有神有韵”。在市场经济时代，遗产的经济价值很容易被认同，而其历史价值、科学价值和美学价值则很容易被忽视。对遗产而言，史学工作者总是主张原汁原味，就地保护，而经济工作者容易想到修整打理，有形有态地出售。遗产不同于一般的旅游吸引物，它的经济价值的体现须以承认其历史价值、科学价值和美学价值为前提[75]。

2.5.2　遗产活化理论的核心

研究、保护和创新遗产，在传承文化、延续传统的同时，还是要让遗产发挥其使用价值。遗产具有生态、文化、科研、审美和经济等价值，遗产只有在利用过程中才能可持续发展[74]。不重视遗产保护，是对人类遗产的不负责任；绝对的保护，将保护与开发对立起来，也是值得注意的一种现象。如何充分利用遗产资源，使其“活化”利用成为关注的焦点。遗产活化实际上就是如何把遗产资源转化成旅游产品而又不影响遗产的保护传承。旅游者来到遗产地就是为了对遗产核心信息作有效的体验。让旅游者得到满意的体验，是遗产活化的重要内容[76]。

喻学才教授在《遗产活化论》提出遗产的 5 个分层：保存完好者、保存基本完好者、破坏殆尽者、仅存遗址者、仅存文献记载者[74]。但是他对于各个层次的可视性体验和如何开发对策以及如何改进等并没有给出一个具体的答案。该分层理论存在一定的不足，在此基础上，本书提出了遗产保存状态—旅游可视性与体验—旅游开发对策对应模式[77]（见图 2－2）。

如图 2－2 所示，遗产保存分层的 4 个层次以及相应的对策是：第一层次，遗产保存整体完好。其可视性特征是现场可视，体验完整。对应的保护措施就是绝对保护，旅游利用。第二层次，较大破坏，部分保存。其可视性特征为部分可视，可以想象。对应的保护措施就是保护修复，旅游利用。第三层次，破坏殆尽，仅留遗址。其可视性特征是现场不可视，遗址难辨识。对应的保护措

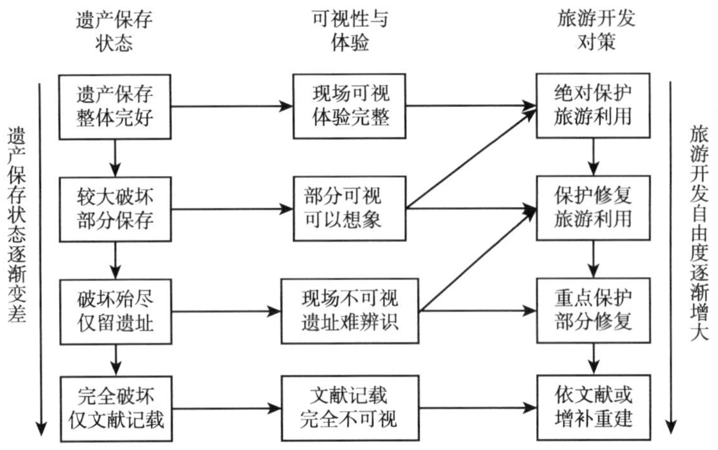

图 2－2　遗产保存与旅游开发对应关系模式

施就应该是重点保护，典型恢复重建。第四层次，完全破坏，仅有文献记载。其可视性特征是文献记载，完全不可视。对应的保护措施只能是依据文献，或增补重建。同时我们注意到遗产的赋存状况和旅游开发的自由度之间存在一种关系。遗产保存状况逐渐变差，对应的旅游开发自由度是不断增大的。这样也为我们提供了一种思路，对于那些保存度较高的遗址，我们要在绝对保护或者保护修复的前提下，为旅游业所利用，反过来促进遗产的保护；对于那些保存度较差和仅有历史文献记载的遗址，我们更多的可以通过“借尸还魂”式的旅游开发来盘活资源，促进旅游业的发展，从而带动当地经济的发展。历史文化遗产赋存状况各有不同的内容和特点，只有准确了解其内容和特点才能对症下药的采取合理的“活化”方式，才能真正增强其可视性，使其具有无限的魅力[78]。

2.5.3　遗产活化的原则

一是，“原真”性原则。真实性是遗产旅游的一个重要特性，是衡量旅游产品质量、旅游者体验程度和旅游者满意度的标准。不管对于遗产旅游的“客观性真实”“结构性真实”和“存在性真实”存在多大的争议，我们都应该以“存在性真实”为出发点来进行遗产“活化”，就如何塑造遗产旅游体验的真实性进行思考。遗产旅游提供给人们欣赏遗产魅力的机会，并借此机会传递人类文化，挖掘人类潜能，是一种高雅的享受，它以基于知识性理解的观赏和体验为基本内容[79]。

二是，“活化”层次性原则。遗产的赋存状况是不同的，有保存完好者、保存基本完好者、破坏殆尽者、仅存遗址者、仅存文献记载者，对于不同的遗产赋存状况，其活化的重点和层次性也是不同的[80]。

三是，遗产生态原则。遗产不管是各种无形或有形的、是历代人类改造或创造的，其既受到环境变量的影响，更受到社会文化变量的制约，又与当今和未来的人类生活息息相关，但其内涵都是人类文化。因此，遗产具有生态，“不要孤立的、单纯的保护可视的物质遗产，不要把动态的、复合的遗产整体仅仅看作一种静态的躯壳，不要割裂遗产，特别是延续着人类生活与文明传统的遗产中，物质与非物质文化的关系、局部与整体、与大环境背景的关系，应该从社会、功能、结构及视觉等方面关注环境”[81]。遗产“活化”要突出“文化信息”这个核心要素，这是文化遗产的价值源；要突出“无形文化载体”（非物质）初级载体要素；突出“有形文化载体”（实物）多级载体要素[82]，由文化信息与无形或有形文化载体（介质、实物）相结合构成“文化资源”的主体；突出“文化景观”要素，由文化信息、文化载体与文化环境要素相结合，构成了完全的“文化资源”整体。文化景观环境就是遗产资源的生物生境——遗产生态[83]。

第3章

文化生态保护（实验）区建设思路及保护原则

文化不能从上向下压，因为它应该是从下面高涨起来的。

——［苏联］里德

文化是国家和民族的灵魂，集中体现了国家和民族的品格。文化的力量，深深熔铸在民族的生命力、创造力和凝聚力之中，是团结人民、推动发展的精神支撑。五千年悠久灿烂的中华文化，是中华民族面临严峻挑战以及各种复杂环境屹立不倒、历经劫难而百折不挠的力量源泉[84]。文化是中华民族生生不息、国脉传承的精神纽带，文化既为经济社会全面协调发展提供强大的精神动力，也是经济社会发展的重要内容。繁荣发展社会主义先进文化、树立民族自信、振奋民族精神，必将为实现全面建设小康社会宏伟目标、构建社会主义和谐社会提供思想保证和精神动力。文化具有二重性，它既是人类生存发展中所创造的物质和精神财富的总和，又对人类自身的生存和发展产生巨大影响。因此，人类的生存发展离不开良好的自然生态和文化生态。文化生态所蕴含的丰富的历史意义、文化意义和社会意义，对于人性的形成、人的素质和品格的培养，以及不同民族性格与精神的造就，具有重要的影响和作用。

创新是有效的保护。伽达默尔提出“传统并不是我们继承得来的一宗现成之物，而是我们自己把它生产出来的，因为我们理解着传统的进展并且参与在传统的进展之中，从而也就靠我们自己进一步规定了传统”。努力组建良好的、新的文化生态环境，要求在扬弃地继承先辈传统文化的基础上，在更为复杂的社会实践中，不断以新的成果来充实其内容、丰富其内涵、增加其要素，甚至重组传统的功能结构，使之成为具有崭新形态的、与我们的时代相适应并反映历史走向的新传统，从而把传世之宝与现代新观念聚合，并转化、升华为现实的巨大凝聚力和内驱力，使深厚的历史底蕴挥发出浓郁的时代气息。

3.1 “文化生态”系统观

“文化生态”是借用生态学方法研究文化的一个延伸概念，是关于文化性质、存在状态的一个概念表述，它所表征的是文化如同其他生命体一样也具有生态特征，文化体系作为类似于生态系统中的一个体系而存在[85]。人类所创造的每一种文化都是一个动态的生命体，各种文化吐故纳新、交流互动而形成不同的文化群落、文化圈、文化链，具有自身价值的每一文化群落作为人类文化整体的有机组成部分，为维护整个人类文化的完整性发挥着自己独特的作用。我们把这一动态的文化网络称为文化生态系统[86]。文化生态系统规范着人们的行为方式，它从人类活动的思维、世界观、人生观等方面改造着人的主观方面，进而影响人的客观活动。建立文化生态系统就是为了保持文化的可持续发展，就是强调人与自然要和谐相处，主张人类社会的一切制度和行为方式应当注重生态性、系统性原则。

以生态学的视角，将非物质文化遗产看成一个文化生命体，探讨其文化性质、存在状态，将其传承、保护放在特定的文化空间中。人类所创造的每一种文化都是在特定空间中交流互动、演化发展。把文化体系类比为生态系统进行分析研究，从生态的角度研究文化，有助于我们更好地把握文化的演化发展规律。在这些非物质文化遗产生命延续的生态系统中，以外在力量协助其生存延续，探寻并最终找到非物质文化遗产保护与传承的具体实施办法是一种科学的研究方法。

文化是环境的产物，其发展是在其生态系统中被调适以求平衡的过程，二者是辩证统一的[87]。人类赖以生存、文化得以生成的环境，不仅包括自然因素，还包括社会环境因素、政治环境因素、经济环境因素。文化生态系统，更大程度上是指以自然为前提的条件下，经过人类的长期活动而形成的“环境—人—文化”复合的生态系统[88]。这种文化生态系统强调文化发展是文化与环境互动的全过程。特定民族的文化是由各种不同的文化要素构成的闭环系统，它本身有其特殊的传承机制，即“运作规律”。它使文化在肯定与否定的双重价值标准中选择地发展，“规范化”运转在特定的文化生态中。文化与生态的互动以文化传承机制中的选择创新机制为内在依据[87]。自然生态是文化的依托，它既孕育了丰富多样的文化，又在历史发展中留下深深的“自然烙印”，自然环境在文化的生成、传承发展过程中都发挥了重要的作用。除自然生态之外的一切因素的人文生态也是文化发展的重要因素。他们之间相互交叉渗透，成为不可分割的有机系统。文化生态系统是与自然生态系统相对存在的一个有机体，它们之间存在着内在联系，人类是文化的主体，文化生态系统以主体的思维和行为方式作用于自然生态系统，自然生态系统以物质、能量、信息等方式反馈给人类以影响其再活动的方式[86]。

3.2　文化生态保护（实验）区

设立文化生态保护（实验）区是对传统文化，从整体性方面做的有益和有效的保护手段。

从文化生态的角度思考文化遗产整体性保护起源于 20 世纪 50 年代的美国。美国进化论学者 J. 斯图尔德（Julian Steward）将生态学原理引入文化研究，提出“文化生态学”理论，用以分析人类文化方式如何适应自然与人文环境。1971 年，挪威博物馆学者乔治·里维埃（George Riviere）将文化生态学理论引入博物馆业，创造性地提出“生态博物馆”概念，认为文化遗产应原状地保存在其所属的环境和社区中。这种在社区尺度下制定非物质文化遗产文化生态规划的理念，成为点状文化生态保护的开端[89]。

20 世纪 90 年代以来，受西方文化生态保护理论影响，国内学者开始深入思考保存民族文化生命力、维护文化多样性、促进文化生态平衡等问题。借鉴欧美生态博物馆建设的经验，我国以文化生态保护为基本理念，践行文化生态保护工作，取得了良好的效果。

2006 年，我国首次提出建设国家级文化生态保护区的设想，截至 2021 年，共建立了闽南文化生态保护区、热贡文化生态保护区等 24 个国家级文化生态保护（实验）区，部分省（市）也建立了相应级别的非物质文化遗产保护区。2019 年 3 月正式施行的《国家级文化生态保护区管理办法》进一步明确了国家级文化生态保护（实验）区申报、设立与管理的基本理念和要求，对推动文化生态保护区建设具有重要指导意义。保护区内作为保护对象的非物质文化遗产及其存在的人文环境和自然环境是在相当漫长的时间中逐渐形成的，而文化生态保护（实验）区的设立和建设则是在一个相对短暂的时间内完成和开展的。《国家级文化生态保护区管理办法》的正式实施，从对非物质文化遗产的保护措施能够发现，在保护理念方面，国家已经完成了非物质文化遗产保护的理念创新，从对“非遗”的“项目保护”转变为对“非遗”传承人保护、“非遗”“文化生态”空间保护的思路。

文化生态保护（实验）区建设是一项全新的工作，虽然国家已经建立了部分文化生态保护（实验）区，并对此作了详细规划，但直至目前，我国还未形成具有一定标准的推广模式，还未有更多学者从文化生态保护与旅游发展互动视角去探讨文化生态保护的相关问题。文化生态的合理保护与发展，需要一套能够让“文化遗产动起来”的合理的驱动机制，构建一种合理的驱动机制和驱动模式才能真正促进区域文化特色保护和区域文明程度提高，促进区域经济发展，最终使旅游者获得更深入的文化教育。2006 年 10 月，《国家级非物质文化遗产保护与管理暂行办法》出台，将非物质文化遗产的保护提高到法律层面，设立各级非物质文化遗产名录，对非物质文化遗产以项目形式进行有效保护，这是非物质文化遗产从学术概念走向法制保护的重要一步。2008 年 5 月，《国家级非物质文化遗产项目代表性传承人认定与管理暂行办法》出台，进一步明确了非物质文化遗产传承人的认定，给予非物质文化遗产传承人以相应奖励、补贴，让非物质文化遗产传承人能够更好生存。从项目保护到传承人保护，相关制度的出台起到一定效果，但收效甚微，许多“非遗”面临濒危困境还是难以解决。如何让非物质文化遗产得到更好的保护，一直是政府、专家学者思考的问题。通过设立文化生态保护的方式成为更好的选择，其中通过设立国家级文化生态保护区能够让非物质文化遗产在核心空间中，有效进行传承。

2006 年 9 月，中央人民政府颁布的《国家“十一五”时期文化发展规划纲要》[90]第七部分（民族文化保护）中提出要“建立非物质文化遗产名录体系，绘制国家非物质文化遗产资源分布图，确立非物质文化遗产传承人谱系，制定传承人资助办法。纲要中提出要“确定 10 个国家级民族民间文化生态保护区”；深入挖掘和展示我国古代发明的历史价值、科学价值和艺术价值；充分利用“文化遗产日”，组织开展文化遗产保护系列宣传展示活动。由于目前仍处试验性阶段，因此各保护区暂定为“文化生态保护实验区”，待日后条件成熟时正式命名为“文化生态保护区”。

文化生态保护区是指在一个特定的区域中，通过采取有效的保护措施，修复一个非物质文化遗产（口头传统和表述，包括作为非物质文化遗产媒介的语言；表演艺术；社会风俗、礼仪、节庆；有关自然界和宇宙的知识和实践；传统的手工艺技能等以及与上述传统文化表现形式相关的文化空间）和与之相关的物质文化遗产（不可移动文物、可移动文物、历史文化街区和村镇等）互相依存，与人们的生活生产紧密相关，并与自然环境、经济环境、社会环境和谐共处的生态环境。划定文化生态保护区，将民族民间文化遗产原状地保存在其所属的区域及环境中，使之成为“活文化”，是保护文化生态的一种有效方式。为此，《国家“十一五”期间文化发展规划纲要》明确提出设立国家级民族民间文化生态保护区[91]。

3.2.1　文化生态保护区设立

2006 年国家“十一五”规划首次提出设立文化生态保护区理念，从 2007 年开始至 2021 年底，我国先后设立了 24 个国家级文化生态保护（实验）区，146 个省级文化生态保护实验区，涉及 17 个省（直辖市、自治区）。文化生态保护实验区的建设不仅有利于非物质文化遗产的整体性保护，而且能够带动乡村振兴。

文化生态保护涉及物质、文化以及时空变化导致的认知差异等因素，保护格局是从宏观的角度看待生态保护问题，强调保护的方式和布局形式等因子。根据遗产保护区域内部文化遗产价值辐射分布情况、区域各部分之间的相关性，划定文化遗产保护的核心区、影响区以及保护节点等因素[92]。

为贯彻落实《中华人民共和国非物质文化遗产法》，深入实施中华优秀传统文化传承发展工程，加强非物质文化遗产区域性整体保护，2018 年 9 月，文化和旅游部出台了《国家级文化生态保护区管理办法》（以下简称《办法》），并于 2019 年 3 月 1 日起正式施行[93]。设立文化生态保护区，对历史文化积淀丰厚、存续状态良好，具有重要价值和鲜明特色的文化形态进行区域性整体保护，是我国独具特色的“非遗”保护制度。经过 10 多年文化生态保护（实验）区制度的探索和实践，将工作中行之有效的措施固定下来，上升为部门规章，十分必要。

《办法》规定建设国家级文化生态保护区要以习近平新时代中国特色社会主义思想为指导，贯彻落实党的十九大和十九届二中、三中全会精神，推动中华优秀传统文化创造性转化、创新性发展；要坚持保护优先、整体保护、见人见物见生活的理念，以“遗产丰富、氛围浓厚、特色鲜明、民众受益”为目标，将“非遗”及其得以孕育、滋养的人文环境加以整体性保护。

《办法》明确了国家级文化生态保护区申报设立的条件和程序。《办法》规定申报国家级文化生态保护区要具备良好的文化生态区域性整体保护工作基础，应当在本省（区、市）内已实行文化生态区域性整体保护两年以上，成效明显；国家级文化生态保护区设立后，总体规划不再由文化和旅游部批复实施，改为由省级文化主管部门审核，报省级人民政府审议通过后发布实施，并报文化和旅游部备案；总体规划实施三年后，省级文化主管部门可向文化和旅游部申请组织验收，验收合格的，正式公布为国家级文化生态保护区并授牌。

《办法》明确了国家级文化生态保护区建设的责任主体、主要任务和措施。《办法》规定要成立国家级文化生态保护区建设管理机构，负责统筹、指导、协调、推进国家级文化生态保护区建设工作；要通过加强工作机构和队伍建设、加大资金投入力度、引导社会广泛参与、加强理论和实践研究、开展自评报告等措施完善工作保障机制，通过实施“非遗”记录工程、传承人群研修研习培训计划、传统工艺振兴计划、开展分类保护、服务精准扶贫和乡村振兴国家重大战略实施等措施加强“非遗”传承实践能力建设，通过组织开展“非遗”主题活动、品牌活动、搭建展示平台、推进普及教育等措施加强“非遗”传播宣传；要对国家级文化生态保护区总体规划实施和建设情况进行检查评估。建设成绩突出的，予以通报表扬，并给予重点支持。因保护不力使文化生态遭到破坏的，将严肃处理，并予以摘牌。

根据《国家级文化生态保护区管理办法》（文化和旅游部令第 1 号）和《文化和旅游部办公厅关于贯彻落实〈国家级文化生态保护区管理办法〉的通知》（办非遗发〔2019〕47 号），2019 年文化和旅游部开展了国家级文化生态保护实验区建设成果验收工作，并最终确定 7 个文化生态保护实验区通过验收评审（见表 3－1），正式命名为文化生态保护区。

表 3－1　国家级文化生态保护区名单

序号	名称	地区	批复时间	总体规划批复时间	备注
1	闽南文化生态保护区	福建省（厦门市、漳州市、泉州市）	2007 年 6 月	2013 年 2 月	
2	徽州文化生态保护区	安徽省（黄山市、宣城市绩溪县）	2008 年 1 月	2011 年 3 月	
		江西省（婺源县）	2008 年 1 月	2011 年 3 月	
3	热贡文化生态保护区	青海省（黄南藏族自治州）	2008 年 8 月	2011 年 1 月	
4	羌族文化生态保护区	四川省（阿坝藏族羌族自治州茂县、汶川县、理县、绵阳市北川羌族自治县、松潘县、黑水县、平武县）	2008 年 10 月	2014 年 3 月	
5	武陵山区（湘西）土家族、苗族文化生态保护区	湖南省（湘西土家族苗族自治州）	2010 年 5 月	2014 年 3 月	
6	海洋渔文化（象山）生态保护区	浙江省（象山县）	2010 年 6 月	2013 年 2 月	
7	齐鲁文化（潍坊）生态保护区	山东省（潍坊市）	2010 年 11 月	2013 年 5 月	原名称为潍水文化生态保护实验区

注：以上数据依据文化和旅游部相关数据整理。

文化生态保护（实验）区建设是我国非物质文化遗产保护方式的一种探索，是我国的“非遗”保护从单一的项目性保护，传承人保护到关注“非遗”文化生态整体性保护，这是非物质文化遗产保护在理念和认识层面的一种深化。文化生态保护是基于对生态环境的整体性、动态性保护，是把文化遗产、环境、人等因素作为一个整体进行考量，对人文生态、自然生态和社会生态进行综合修复，突出地方文化特色，努力实现“遗产丰富、氛围浓厚、特色鲜明、民众受益”的目标。文化生态保护（实验）区的建立与管理、文化生态保护（实验）区保护与区域经济发展、文化生态保护（实验）区中的文化生态保护与利用、发展旅游与文化保护之间的平衡点以及对文化生态实验区中的文化遗产尤其是非物质文化遗产保护与开发的本真性与原生态，将是未来研究重点所在[94]。

3.2.2 文化生态保护（实验）区概况

文化生态保护（实验）区的建设从2007年在福建省设立第一个国家级文化生态保护实验区“闽南文化生态保护实验区”始，至今已走过了整整10多年的时间。目前，全国已设立24个国家级文化生态保护（实验）区，实验区建设已初见规模。这24个文化生态保护区，分布全国17个省份，其中11个是在少数民族地区。10多年来，文化生态保护（实验）区建设在推动我国非物质文化遗产的整体性保护、促进区域性经济社会协调发展等方面发挥了重要的作用。

24个文化生态保护（实验）区包括国家级文化生态保护区7个，国家级文化生态保护实验区17个，分别是：闽南文化生态保护区；徽州文化生态保护区；热贡文化生态保护区；羌族文化生态保护区；武陵山区（湘西）土家族苗族文化生态保护区；海洋渔文化（象山）生态保护区；齐鲁文化（潍坊）生态保护区；羌族文化生态保护实验区（陕西省宁强县、略阳县）；客家文化（梅州）生态保护实验区；晋中文化生态保护实验区；迪庆民族文化生态保护实验区；大理文化生态保护实验区；陕北文化生态保护实验区；铜鼓文化（河池）生态保护实验区；黔东南民族文化生态保护实验区；客家文化（赣南）生态保护实验区；格萨尔文化（果洛）生态保护实验区；武陵山区（鄂西南）土家族苗族文化生态保护实验区；武陵山区（渝东南）土家族苗族文化生态保护实验区；客家文化（闽西）生态保护实验区；说唱文化（宝丰）生态保护实验区；藏族文化（玉树）生态保护实验区；河洛文化生态保护实验区；景德镇陶瓷文化生态保护实验区。具体情况如下：

（1）闽南文化生态保护区[95]是 2007 年 6 月由文化部正式批准设立的文化生态保护实验区，2019 年 6 月获批保护区，是中国第 1 个国家级文化生态保护区，保护区包括福建的泉州、漳州、厦门三地，这里是台湾同胞的主要祖籍地，也是闽南文化的发祥地和保存地。作为我国首个文化生态保护区，它的成立标志着我国文化遗产的保护进入一个整体、活态保护的新阶段，为探索文化遗产的保护和发展、继承与创新开辟了新道路。闽南文化以其独特的地理位置，上接中原、吴楚，下续台湾、东南亚，其涵盖面和影响的范围相当广泛。闽南人艰苦的生存环境，铸造了闽南文化的精髓——“敢拼爱赢”。这种文化精髓的形成、升华和进一步发展，有其客观必然性，这也是闽南文化有别于中原文化和其他闽系文化的一大特色。

在《闽南文化生态保护区总体规划》中详细论述了闽南文化生态保护区 7 个方面的意涵：①闽南是一个地理位置和行政区域概念。②闽南文化是地域文化，同时又是中国和世界各地闽南人共有的文化。闽南文化超出地域范围，成为闽南民系文化，也是中华文化重要的组成部分。闽南文化在《规划》中特指闽南文化遗产。③文化生态是文化的发生、发展与地理环境、经济环境和社会环境构成一个相互联系、相互作用的系统。④文化生态保护既要保护文化遗产本身，还要采取有效措施优化文化遗产保存、生存的环境，维护文化生态平衡，促进文化持续发展。⑤文化生态保护区是在一定的区域中，通过采取有效措施保护文化遗产和优化相关环境，力图构建人与文化遗产、人与自然、人与社会和谐相处、协调发展的文化空间。⑥现今厦门、漳州、泉州三市的行政区为闽南文化生态保护区的保护范围。⑦闽南文化生态保护区总面积为25180平方千米，总人口1400万人。海峡两岸同胞以及世界侨胞可以通过交流合作的形式共同保护闽南文化。闽南文化包括：闽南民间音乐、闽南戏曲、闽南民间舞蹈、闽南民间美术、闽南民间手工技艺、闽南民俗、闽南传统体育竞技、闽南民间信仰和闽南消费习俗10个方面内容。

（2）徽州文化生态保护区[96]于2019年获批的保护区，是我国第1个跨省区的文化生态保护区。徽州“一府六县”，是徽州文化孕育和发展的主要空间。徽州是一个历史地理概念，是历史上地理区划郡、州、路、府的名称，数千年中，有障郡、新都郡、新安郡、歙州等名称，而在宋、元、清，辖歙县、黟县、休宁县、婺源县、绩溪县、祁门县六县。徽州文化生态保护区是在徽州文化产生、发展、传承的区域对其所承载的文化表现形式，开展以非物质文化遗产保护为主的全面的、整体性保护工作的徽州文化圈涉及的地缘范围。徽州文化生态保护区的保护对象为其划定范围内的自然环境、历史遗迹，特别是构成文化生态保护区的核心内容——以活态存在并传承的非物质文化遗产。

（3）热贡文化生态保护区是2008年6月文化部批准设立的中国第3个国家级文化生态保护实验区[97]，并于2019年12月获批保护区，是截至目前我国北方和西部地区唯一的国家级文化生态保护区。它位于黄河以南的青海省黄南藏族自治州的热贡地区，该生态保护区以它悠久的历史，为后世人类留下了丰富的古文化遗存，保留着厚重的民族文化底蕴和灿烂的藏传佛教文化资源，是青海省非物质文化遗产最集中，文化资源最丰富，文化形态最具多样性、唯一性和独特性的一个地区，极具文化代表性和保护价值，被称为“青藏高原上的艺术奇葩”，以唐卡、壁画、雕塑、雕刻、堆绣、建筑装饰图案彩画等多种形式为主的藏传佛教艺术重要流派——“热贡艺术”更是举世闻名，2006年被列入国家首批非物质文化遗产保护名录。热贡地区总面积1.2万平方千米，人口18万人。孕育于此的热贡文化，是青藏高原所独有的以藏族文化为主体，多民族、多宗教、多文化互相交融并存的原生态文化，是藏民族文化和藏传佛教文化的结晶，是中华文化的重要组成部分。

（4）羌族文化生态保护区是 2008 年 10 月由文化部正式批准设立的第 4 个国家级文化生态保护实验区，并于 2019 年 12 月获批保护区。该保护区以茂县为核心区，以汶川、理县、绵阳市北川羌族自治县为重点范围，以阿坝州和绵阳市行政区域及相关地域为羌族文化生态保护区的保护范围，与其相对应的现行行政区划范围是阿坝藏族羌族自治州的茂县、汶川县、理县、松潘县、黑水县、九寨沟县、绵阳市的北川县、平武县等。羌族文化生态保护区总面积为 3.9 万平方千米，总人口 30.61 万人[98]。羌族文化生态保护区的保护对象为其划定范围内的自然环境，如卧龙自然保护区、桃坪羌寨、鹰嘴河寨碉群、营盘山文化遗址、姜维城古文化遗址，特别是构成羌族文化生态保护区的核心内容——以活态存在并传承的非物质文化遗产，即羌族建筑、羌族民俗、羌族服饰、羌族文学、羌族艺术、羌族语言、羌族传统工艺以及相关实物、文字、图片、音像资料等。

（5）武陵山区（湘西）土家族苗族文化生态保护区[99]是 2010 年 6 月由文化部批准设立的第 6 个国家级文化生态保护实验区，也湖南首个获批设立的国家级文化生态保护实验区，并于 2019 年 12 月获批保护区。它包括世代相传的非物质文化遗产，如神话、传说、歌谣、鼓舞、织锦、刺绣、印染等，与当地自然环境，古村镇、古建筑相依相存，形成了较为完整的文化生态区域。

（6）海洋渔文化（象山）生态保护区[100]是文化部于 2010 年 6 月批准设立的，并于 2019 年 12 月获批保护区。此保护区是国家“十一五”时期设立的唯一的一个与海洋相关的文化生态保护区、唯一的一个以县为单位且不跨区域的文化生态保护区，也是浙江省目前唯一的一个国家级文化生态保护区。该保护区坚持“见人、见物、见生活”的建设理念，强化整体保护，重视传承传播，全力推动海洋渔文化创造性转化、创新性发展。按照总体规划，保护区通过对以活态传承的非物质文化遗产采取科学保护，以达到对海洋渔文化进行整体性的保护。而保护的核心是“人”，是文化传承人，也是生活在保护区内的广大人民群众[101]。

（7）齐鲁（潍坊）文化生态保护区是 2010 年 11 月由文化部批准设立的

第 9 个文化生态保护实验区，并于 2019 年 12 月获批保护区，是目前山东省唯一一个国家级文化生态保护区。保护对象为其划定范围内的与潍水文化相关的自然生态、历史遗迹，特别是潍水农工商贸文化中以活态存在并传承的各种非物质文化遗产。保护区在历史上属“海岱文化圈”，是齐文化继承与传播的中心区域，自古以来重文尚武、规制从礼、文化开放、传承有序，有众多的文化遗产资源和浓郁的民俗民间文化传统，是我国北方最具代表性的汉族民俗风情区域之一。潍水文化融农耕文化、渔盐文化、手工文化和商贸文化于一体，具有鲜明的半岛型复合性文化特点。

（8）羌族文化生态保护实验区[102]是 2008 年 10 月由文化部正式批准设立的国家级文化生态保护实验区。该实验区最初是和四川的羌族文化生态保护区一并批准的，后来文化旅游部在保护区验收时候，把原来实验区部分的茂县、汶川县、理县、松潘县、黑水县、九寨沟县、绵阳市的北川县、平武县等区域验收正式命名为羌族文化生态保护区，把陕西省部分划归为羌族文化生态实验区。

（9）客家文化（梅州）生态保护实验区[103]是 2010 年 5 月由文化部批准设立。梅州是客家文化的主要发源地，客家文化向外传播的核心区，蕴含丰富的非物质文化遗产资源，传统文化底蕴深厚，与自然环境、传统村落一起形成了独具特色的岭南客家文化群落。曾被郭沫若先生称为“文物由来第一流”的梅州是客家人的主要聚居地和繁衍地，其语言、居住、饮食、服饰、教育、风俗、宗亲、娱乐等都完整地保持了客家文化的独有特征，是客家文化的典型代表[104]。客家文化是在融合北方中原文化与南方土著文化基础上形成的，其文化层次可分为客家物质文化、客家制度文化和客家精神文化三个层面。客家文化主要分布在粤、闽、赣三省交界地带，特有的民俗风情、语言、民间宗教、建筑、饮食等方面具有较高的的旅游开发价值。

（10）晋中文化生态保护实验区由文化部于 2010 年 6 月设立，地处山西中部，包括晋中市所辖全部的 11 个县（市、区），太原市所辖小店、晋源、清徐、阳曲 4 个县（区），吕梁市所辖交城、文水、汾阳、孝义 4 个县（市），共计19个县（市、区），总面积2.3万平方千米，人口627万。保护区以“一带（农耕文化带）一廊（晋商文化走廊）一区（方言文艺区）一圈（节庆文化圈）”为鲜明地域特色，保存着较为完整的文化生态，截至2021年有国家级名录项目65项（保护单位51个），内容涵盖十大类非物质文化遗产项目。国家有关部门和学术界一致认为，该区域的历史典型性、资源多样性、遗存传承性，在中华民族多元一体文化格局中占有突出地位，是华夏传统文化的典型代表和重要组成部分。

（11）迪庆民族文化生态保护实验区[105]是2010年11月由文化部批准设立的。2013年2月，《迪庆文化生态保护实验区总体规划》经文化部批准实施。迪庆文化生态保护实验区以积淀深厚、保存传承状态良好的民族文化和历史文化为主体，以雪山、峡谷、河流、森林、草原等自然遗产为依托，以佛教文化、东巴文化等为轴心，多民族的物质文化和非物质文化遗产为内容，具有切合自然环境的生态性，保持民族特质的交融性，增进社会交往的和谐性。保护区内以藏文化为主体，并与州内其他民族文化并存共荣的多样性区域文化，充分体现出生态区内文化的悠久历史、丰厚内涵，是在区域自然地理特征基础上人与自然的关系和谐统一、多民族文化和谐共存、独具地方与民族特色的文化区域。

（12）大理文化生态保护实验区[106]是2011年1月由文化部批准设立的保护实验区，其保护范围涵盖大理白族自治州所辖行政区域，总面积2.95万平方千米，具体包括以大理、巍山为中心的南诏大理国历史文化保护区，以洱海为中心的坝区白族民俗文化保护区，以巍山、南涧、漾濞为中心的彝族文化保护区等。保护对象为体现大理民族文化多样性、独特性的各类非物质文化遗产名录项目、非物质文化遗产传承人及与非物质文化遗产传承密切相关的历史传统文化及自然景观文化等。

（13）陕北文化生态保护实验区是2012年5月由文化部批准设立的保护实验区。国家级陕北文化生态保护实验区项目，以保护和传承陕北说书、陕北民歌、榆林小曲、洛川剪纸等一批非物质文化遗产，经文化部组织专家实地考察论证后批准设立。它是继陕西省国家级羌族文化生态保护实验区设立后的第2个国家级文化生态保护实验区[107]，也是进入“十二五”规划后文化部推进文化生态保护实验区建设工作批准设立的第1个国家级文化生态保护实验区，对于保护陕北丰富而独特的非物质文化遗产具有重要意义。

(14) 铜鼓文化（河池）生态保护实验区[108]是2012年12月由文化部批准设立国家级生态保护实验区，该保护实验区为广西壮族自治区河池市全境。河池铜鼓文化生态保护实验区划分为核心区、次核心区、延伸区。其中，核心区为东兰县、南丹县、天峨县；次核心区为巴马瑶族自治县、大化瑶族自治县、都安瑶族自治县、环江毛南族自治县；延伸区为金城江区、宜州市、罗城仫佬族自治县、凤山县。

(15) 黔东南民族文化生态保护实验区[109]于2012年12月批复成立，是以保护非物质文化遗产为核心，旨在对黔东南文化及其生态环境进行整体性保护，维护文化生态系统的平衡和完整。黔东南文化是苗、侗等少数民族在历史进程中共同创造、发展，世代传承至今的物质文化、精神文化，是共同组成的典型的民族文化生态。

(16) 客家文化（赣南）生态保护实验区[110]是指在赣州市辖区内设立的以保护非物质文化遗产为核心，对历史文化积淀深厚、存续状态良好、具有重要价值和鲜明特色的客家文化形态进行整体性保护设立的特定区域，2013年1月由文化部正式发文批准。客家文化（赣南）生态保护实验区的重点区域是以赣南围屋、古村落、客家山歌、赣南采茶戏、民俗节庆活动等比较集中的地方为取向的区域，是赣南客家文化生态保护实验区最重要的文化空间。

(17) 格萨尔文化（果洛）生态保护实验区[111]是2014年8月由文化部批准的实验区。该实验区是青海省继热贡文化生态保护实验区之后国家在青海设立的第2个国家级文化生态保护实验区。格萨尔文化（果洛）生态保护实验区以果洛藏族自治州行政区域内的自然环境和社会环境为依托，通过对活态传承的非物质文化遗产和文化空间采取科学保护，从而实现对果洛格萨尔文化进行整体性的保护。保护对象为其划定范围内的与格萨尔文化相关的自然生态、历史遗迹，特别是构成果洛格萨尔文化核心、以活态存在并传承的各种非物质文化遗产及与非物质文化遗产存续密切相关的自然环境和人文环境。

（18）武陵山区（鄂西南）土家族苗族文化生态保护实验区[112]是 2014 年 8 月文化部批准设立的。该实验区由恩施土家族苗族自治州和长阳土家族苗族自治县、五峰土家族苗族自治县共同设立，保护对象主要是划定范围内的多民族的非物质文化遗产及其代表性传承人，也包括相关的自然生态、历史遗迹和其他文化遗产。

（19）武陵山区（渝东南）土家族苗族文化生态保护实验区[113]是 2014 年 8 月由文化部批准设立的国家级保护实验区。它涵盖重庆市黔江区、酉阳土家族苗族自治县、秀山土家族苗族自治县、石柱土家族自治县、彭水苗族土家族自治县及武隆县 6 个少数民族聚居区，是重庆市国家重点生态功能区与重要生物多样性保护区，也是文化资源十分富集的区域。区域内包括分布集中、特色鲜明、内涵和形态保持完整的土家族、苗族及其他民族文化遗产存续的文化生态、文化载体。

（20）客家文化（闽西）生态保护实验区[114]是 2017 年 1 月由文化部批准设立的。该实验区范围包括福建省龙岩市长汀县、上杭县、武平县、连城县、永定区和三明市宁化县、清流县、明溪县。实验区面积 1.94 万平方千米，人口 292.1 万人。这是继广东和江西后设立的第 3 个国家级客家文化生态保护实验区。

（21）说唱文化（宝丰）生态保护实验区[115]是 2017 年 1 月由文化部批准设立的，包括河南省平顶山市宝丰县行政区域的自然环境和社会环境，通过对以活态传承的非物质文化遗产及其所依存的物质文化遗产、文化生态环境采取科学保护，以达到对说唱文化进行整体性保护。对具有重要价值和鲜明特色的宝丰说唱文化进行整体性保护，有利于推动区域内非物质文化遗产的保护与传承，对促进中华说唱文化的大发展大繁荣产生积极的推动作用。

（22）藏族文化（玉树）生态保护实验区[116]是 2017 年 1 月由文化部批准设立。国家级藏族文化（玉树）生态保护实验区获批，使青海省成为全国首个有3个国家级文化生态保护实验区的省份。藏族文化（玉树）生态保护实验区以玉树藏族自治州为核心区，辐射称多、治多、囊谦、杂多以及曲麻莱等县域，涵盖玉树藏族民众创造和秉承的物质和非物质文化遗产保护内容，主体为代表性传承人与传承群体。实验区设立后，通过深入调查和建档、建立玉树非物质文化遗产数据库，完善传承机制、加强传承人和传承团体的保护，对“卓”“依”“勒”等传统舞蹈、音乐类项目进行抢救性保护，对囊谦黑陶、石刻、藏娘唐卡、藏医药炮制等传统技艺、传统医药类项目进行生产性保护，确立若干依托自然环境、物质载体进行整体性保护的文化空间，健全完善各类非物质文化遗产展示传习设施等措施，对保护实验区内的各级各类非物质文化遗产加以保护和利用，最终实现实验区“项目丰富、氛围浓厚、特色鲜明、民众受益”的建设目标。

（23）河洛文化生态保护实验区[117]是2020年6月由文化和旅游部批准设立的。河洛文化是以洛阳为中心的黄河、洛河交汇地区优秀传统文化的总和。它以“河图”“洛书”为标志，以夏、商、周三代文化为主干，以洛阳古都所凝聚的文化为核心，以“河洛郎”南迁为途径，体现了中华文化的根源性、传承性、厚重性、辐射性。河洛文化当前集中体现在众多内容丰富、特色鲜明的非物质文化遗产项目之中。2011年，“河洛文化生态保护实验区”经河南省文化厅批准设立为省级文化生态保护区。之后该实验区实施非物质文化遗产分类保护计划；对急需抢救的非物质文化遗产名录项目予以公布，优先抢救保护；对非物质文化遗产密集、文化生态良好的村落、乡镇建立目录，进行小型区域性整体保护；为“非遗”传承人群搭建平台等保护措施。

河洛文化生态保护实验区以河南省洛阳市行政区域为社会环境依托，以洛、伊、瀍、涧等河流及洛阳盆地一带平原、丘陵、山地复合地貌为自然环境依托，核心保护区为洛阳市城区及孟津县、新安县、洛宁县、偃师市；次核心保护区为洛阳市其他县市。实验区内有国家级“非遗”代表性项目8项、省级62项、市级145项，县级731项，国家级代表性传承人6名，省级59名，市级139名，县级399名，国家级非物质文化遗产生产性示范基地1人，河南省非物质文化遗产生产性示范基地 2 个，河南省非物质文化遗产研究基地 1 个，河南省“非遗”示范展示馆、传习所 8 个。这是河南省继说唱文化（宝丰）生态保护实验区之后的国家级文化生态保护实验区。

（24）景德镇陶瓷文化生态保护实验区[118]是 2020 年 6 月由文化和旅游部正式批准的文化生态保护实验区。景德镇陶瓷文化生态保护实验区是以景德镇传统陶瓷烧造类非物质文化遗产为重点，以陶瓷文化赖以存续的自然生态环境和人文环境为依托，以保护景德镇陶瓷文化生态的整体性为基本目的而建立的文化生态保护区。景德镇陶瓷文化历史积淀深厚、存续状态良好，非物质文化遗产集中，景德镇陶瓷文化生态保护实验区是以景德镇传统陶瓷烧造类非物质文化遗产为重点，以陶瓷文化赖以存续的自然生态环境和人文环境为依托，以保护景德镇陶瓷文化生态的整体性为基本目的而建立的文化生态保护区。

3.3　文化生态保护（实验）区建设基本思路

文化生态保护（实验）区是保护特定的“文化生态”。文化生态是文化遗产与特定的人、自然环境、社会环境共同构成的统一整体，该整体是互相联动的有机整体。通过采取措施保护文化遗产，从而营造一个适合文化遗产生存、发展和传承的生态环境，维护文化生态系统的平衡与完整是文化生态保护的内核和关键。文化生态保护更为强调文化的原地生存状态，而不仅仅是保护遗产本身，设立文化生态保护（实验）区是中国“非遗”保护工作的独创[119]。

文化生态保护（实验）区目的是保护那些活态文化资源丰富，保存度较为完整，并且地域特色比较鲜明的特有地域，上述地域需经过科学规划、论证并上报相关文化部门批准。通过划定特定区域为文化生态保护区，将特有的民族民间文化遗产以“原状、原地、原样”保存在其所属的区域及人文生态环境中，使之成为“活文化”，是保护文化生态的一种有效方式。注重遗产所在地的自然环境保护和生活环境保护，就是要关注遗产地文化遗产与人们生活、自然环境和谐相处，营造一种和谐的“文化环境”。通过设立专项资金，给传承人以一定的经济资助，能够使“非遗”实现传承延续，从而实现传承人保护。通过一定程度的文物修复、历史文化街区和村镇美化，复苏传统民俗节庆活动，营造“节日”气氛，从而能够培育有利于文化遗产尤其是非物质文化遗产的保存、保护和发展的整体环境。24 个文化生态保护（实验）区都是各有特色的文化生态保护（实验）区，必须充分挖掘特定的文化内涵，才能精准保护、有效保护，从而有益利用。

在法国哲学家亨利·列斐伏尔[120]基于空间本体论建构三元一体的社会理论框架基础上，文化生态保护（实验）区的空间结构可以划分为物理空间、生活空间和文化空间三个维度[121]。物理空间，是文化生态保护（实验）区的物理载体，寻求其特有地理位置、空间构造与文化遗产的关系。原住民栖息、生活的场所，承载了特定“人、事、物”环境、是原住民生活方式和生活情景生活空间。保有特定生活空间是文化生态保护工作的重点和难点，也是未来文化生态旅游的关键所在。文化空间是原住民进行文化生产、展示、传播、消费等精神实践活动所形成的空间，也是旅游者青睐的所在。文化空间更多的是一种“乡愁”和江湖的象征性空间形态。“看得见山，望得见水”的核心就是留存特定“人、事、物”的环境，以“非惯常环境”吸引旅游者参观游览。

“文化形态”就是指在一定区域内存在的一种具有独特发展历史、与自然生态环境等紧密相连，拥有可以被概括或提炼的文化特质或特色的文化形式。因此，文化生态保护不是为了保护而保护，而应在保护的基础上，以习近平新时代中国特色社会主义思想为指导，充分尊重人民群众的主体地位，贯彻新发展理念，弘扬社会主义核心价值观，推动中华优秀传统文化创造性的转化、创新性的发展。

3.4　文化生态保护（实验）区保护基本原则

“国家级文化生态保护区是指保护非物质文化遗产为核心，对历史文化积淀丰厚、存续状态良好，具有重要价值和鲜明特色的文化形态进行整体性保护，并经文化部批准设立的特定区域。”[122] 设立文化生态保护（实验）区，有利于在“非遗”项目集中、特色鲜明、形式和内涵保持完整的区域探索整体性保护，这是中国在“非遗”保护领域的一大创举。在生态保护（实验）区建设过程中，要牢固树立“见人、见物、见生活”的理念，确立整体性保护的政策框架。要特别重视社区文化的作用和地位，把保护社区文化纳入整体性保护的工作范畴，推动“非遗”在社区文化生活中延续和发展。要采取有针对性的支持措施，帮助各生态区找准自身特点、形成特色，努力使每个生态区真正成为“遗产丰富、氛围浓厚、特色鲜明、民众受益”的生态区。具体来讲，文化生态保护（实验）区保护、建设发展需遵循如下几个原则。

（1）系统性原则。任何一种文化形态，包括物态、意态的形式都具有维系文化生态系统的内在价值，人类的生存发展离不开良好的文化生态系统。文化生态系统作为一个层次丰富且要素多样的开放系统，要将各层次的文化形态建设作为系统工程来开展；注重传承、保护、发展和利用之间的联系和关联，促使各文化形态的全面发展。

（2）整体性原则。文化生态保护（实验）区建设和保护，对于生态区各种文化形态，包括物质文化遗产、自然生态环境和各种资源，尤其是非物质文化遗产的存续进行整体保护的系统性工作[123]，能够使“非遗”得以传承的自然环境、资源和文化遗产，得到整体性留存，最后使“非遗”“文化空间”得到有效传承、发扬。

（3）活态性原则。非物质文化遗产保护的形态必须坚持动态的，不断变化的，而不能是静态的保护。活态性原则就是在保护时要区别对待保护（实验）区内的文化形态，保持各类文化基本元素的完整、稳定和扬弃；保持各类文化影响区域稳定和拓展，最终形成更大范围的文化生态圈。文化特色是文化生态保护（实验）区的生命和灵魂。坚持活态性原则要求动态地根据地域文化的特色不断调整保护策略。文化特色是浓缩的民族性特征特有的呈现方式，弘扬文化特色就是保护特有的文化生态。“国家级文化生态保护（实验）区建设管理机构应当依托区域内独具特色的文化生态资源，开展文化观光游、文化体验游、文化休闲游等多种形式的旅游活动”。

（4）创新性原则。文化得以传承、创新发展的源泉就是文化的创新。没有创新的文化是无法繁衍和传承的，特定时代必然产生特定类型的文化形态，不同的文化都会留有时代的烙印和符号。因此，文化的创新性既有对原文化历史的继承、繁衍，也必须有对现代文化的照应和融合[124]。在区域性文化生态保护（实验）区的建设中，既要避免一味地强调原生态保护，也要避免简单化地改造原有文化形态，需要找出有针对性地适宜各个文化项目的创新路径。国家级文化生态保护（实验）区建设管理机构应当深入挖掘、阐释非物质文化遗产蕴含的优秀思想观念、人文精神，不断创新文化生态保护和利用的新途径、新方式。通过创新思维能够将沉寂的历史文化内涵转变为鲜活的文化旅游产品，活化文化旅游资源，丰富文化旅游业态。

文化生态保护（实验）区的旅游利用也应该不断创新利用途径、方式。通过适当地顺应旅游者的偏好，创新性地把历史文化、民间艺术、民俗风情、宗教文化等地域文化生态精华纳入可参与的旅游活动中来，让游客在参与中体验，在体验中认同，在认同中保护。在延续与促进历史文脉过程中主动保护地域原生态文化，主动对区域文化的文化利益与生态文化旅游开发所带来的经济利益中把握住平衡点，实现文化生态保护（实验）区旅游化利用。

发展文化生态旅游的主旨是在非人为改变生态系统的前提下，让旅游者充分体验自然景观并感受地方文化，确保旅游业可持续发展。文化生态旅游是一种可持续发展的旅游，是集生态旅游、文化旅游于一体的新型旅游模式，文化生态旅游的发展更需要文化生态保护（实验）区创新性理念。通过创新性文化生态旅游产品，最终使旅游者获得深度体验的文化教育。

第 4 章

山西省非物质文化遗产时空分布特征及其利用价值

我们必须继承一切优秀的文学艺术遗产。

——毛泽东

2010 年 6 月，晋中文化生态保护实验区作为山西省首个国家级文化生态保护实验区获文化部批准。该保护区域历史上长期处于农耕文明和游牧文明的交汇地带，文明交汇诞生了颇具特色的节俗文化、粟文化、醋文化、酒文化、药文化、武文化、乐文化、农时文化等，文化生态区传承着“农工并举、商儒结合、耕读传家、乐舞相济”等诸多代表性文化项目。山西省依托晋中生态文化保护实验区，凝练打造了颇具特色的“晋”文化生态保护实验区。该特色文化也成为山西省文化旅游的内涵和灵魂。在此基础上，山西省还先后批准设立了碛口、河曲、上党（晋城）等三个省级文化生态保护（实验）区，为探索省级层面的国家级文化生态保护实验区努力。

2017 年 9 月《国务院关于支持山西省进一步深化改革促进资源型经济转型发展的意见》（国发〔2017〕42 号）文件中，明确提出支持山西省“建设省域国家级文化生态保护实验区”提议，这是全国首次提出在“全省域范围内对文化生态进行整体性保护”。2017 年 11 月 9 日山西省政府关于《贯彻落实〈国务院支持山西省进一步深化改革促进资源型经济转型发展意见〉行动计划》中要求“率先建设省域国家级文化生态保护实验区”。

探讨山西省省域层面非物质文化遗产的分布情况，总结规律，也是建设全省域层面的文化生态保护的一种努力和尝试。通过探讨山西省非物质文化遗产分布情况，总结山西省文化旅游的规律、模式提供思路，为文化生态保护实验区的创新发展提供动力。

山西是中华民族的发祥地之一。中国史前三大伟人尧、舜、禹，都曾在山西境内建都立业；中国历史上第一个奴隶制国家政权——夏朝也建立在山西。山西是我国的文物大省，境内有大量的古寺庙、壁画、石窟等，山西还有五岳之首恒山、中国四大佛教名山之一的五台山等丰富的自然景观。山西悠久的历史，给我们留下众多的古代建筑——宫观寺院、历代古塔、石窟造像、彩塑壁画、古城关隘、文化遗址、出土文物、传世珍宝等物质文化遗产以及依托物质文化遗产而形成的各种风情民俗、风味名食、烹饪技艺等非物质文化遗产。山西——中国古代艺术的博物馆之称，已被国内外各界人士所认同。因此，研究山西省非物质文化遗产赋存状况及其文化、旅游价值具有重要的意义。

联合国教科文组织于1997年11月，通过了《人类口头及无形文化遗产代表作宣言》，向保护非物质遗产目标迈出具有实质性一步。2003年联合国又专门公布了《保护非物质文化遗产公约》[125]。如何对非物质文化遗产进行有效的保护成为国内外专家学者研究的核心问题。从早期的侧重遗产概念研究，中期的侧重遗产保护研究，到近期的遗产旅游开发研究，专家学者纷纷提出真知灼见。“保护文化遗产是系统工程，走产业化发展道路是保护文化遗产的一条有效途径，它将推动旅游业等产业的发展”[126-127]。通过文献梳理，2003—2021年中国知网检索“非物质文化遗产”关键词，共有43141篇相关中外论文，其中外文学术期刊1001篇、中文学术期刊论文24541篇、硕博士论文3097篇。特别是2009年以来，对非物质文化遗产的研究更是硕果累累，文献研究总数达到36852篇，占13年来研究比例的85.42%。历年研究内容主要集中在非物质文化遗产的资源保护、挖掘[128-129]、旅游开发模式[130-132]等方面。尽管不少学者就非物质文化遗产空间分布特征、形成原因及其影响因素进行了研究，但关于非物质文化遗产的地理时空分布特征以及如何旅游利用的相关问题研究较少。国外Wang Y等[133]、Gonzalez M V[134]对非物质文化遗产保护与旅游经济发展之间关系进行了深入探讨；Yu Park H[135]，Nur Izzati Mohd Rodzi[136]探讨了非物质文化遗产保护与民族认同及旅游的关系，对文化遗产促进旅游业的发展进行了重点研究。国内，程乾等[137]从全国视角入手，分析了非物质文化遗产的空间分布特征及影响因素；吴清等[138]分析了中国不同类型非物质文化遗产的空间分布与成因；袁少雄等[139]、廖琴[140]、冯亚芬等[141]等分析了广东、广西等非物质文化遗产结构类型、传统村落分布特征及地理空间分布特点；张宏乔[142]、李亚恒等[143]、赵鹏霞等[144]、周海兵等[145]、贺小荣等[146]、张梅芬等[147]、田小波等[148]、韩顺法等[149]、芦松等[150]、李亚娟等[151]、韩璐等[152]等分析了河南省、福建省等省份非物质文化遗产空间分布及旅游响应。学者和专家们普遍认为，中国非物质文化遗产类型多样，对非物质文化遗产资源进行合理的开发和利用是有效保护“非遗”的手段。

研究山西省非物质文化遗产时空分布及旅游响应具有极其重要的意义。目前，对山西省非物质文化遗产研究的成果主要涉及资源分析研究[153]、保护探讨[154-155]、传承人保护[156]等内容，仅有 3 篇文献涉及非物质文化遗产空间分析：柴国珍等[157]从省域层面视角，分析了山西省非物质文化遗产的形成、发展和空间分布特征及成因；郝杰等[158]分析了山西省非物质文化遗产空间特征；刘慧娣等[159]对山西非物质文化遗产空间分布及成因进行了分析，但研究局限于非物质文化遗产空间分析，没有将非物质文化遗产与旅游发展之间关系阐述清楚。而非物质文化遗产时空定量分析有助于准确识别非物质文化遗产类型，以及非物质文化遗产与旅游开发的关系等方面。

本书依据山西省纳入国家级和省级非物质文化遗产名录数据，对山西省非物质文化遗产的类型结构特征、时空分布差异特征进行量化分析并进行旅游响应分析，从而为山西省非物质文化遗产的保护以及合理的旅游开发利用提供新的思路，开发旅游新业态。

4.1 山西省非物质文化遗产概况

山西省地处黄河中游东部、华北平原西面，东有太行、西有吕梁，汾河流域穿越大半个山西。独特的自然环境、悠久的历史文化成为滋养各类型“非遗”旅游资源的沃土。山西戏曲历史悠久，品种繁多，有“中国戏曲摇篮”之称。山西的民间艺术更是丰富多彩，有“民歌海洋”的美誉，剪纸、绢人、皮影、面塑、泥塑、砖雕等备受推崇。山西民风淳朴，婚丧嫁娶、生儿育女、过年过节都有很多传统的讲究，浓厚的文化色彩，可为旅游所用。增加游客的观赏性和参与性，使静态的景点中加入动态的表演，变得鲜活起来成为山西省旅游发展所求，而如何合理开发利用非物质文化遗产旅游资源成为重点诉求。

山西省是全国非物质文化遗产较为丰富的省份。非物质文化遗产不仅是历史的积淀，也是一种充满活性的文化，山西省非物质文化遗产是山西省旅游业发展必不可少的一环，也是山西省旅游产业从观光型向休闲度假型调整的重要支柱。

4.2　山西省非物质文化遗产类型分布情况

“非物质文化遗产”是人类文明的瑰宝，也是民族文化传承的“密码”，指被各群体、团体、有时被个人所视为其文化遗产的各种实践、表演、表现形式、知识体系和技能及其有关的工具、实物、工艺品和文化场所。非物质文化遗产旅游资源的主要依托是非物质文化遗产。本书以国务院 2006 年、2008 年、2011 年、2014 年、2017 年先后 5 次公布的山西省非物质文化遗产名录及扩展名录（共 754 项）为依据，运用 SPSS 软件和 EXCEL 数据分析软件对山西省非物质文化遗产的进行数理统计分析，在国家非物质文化遗产网站、山西省非物质文化遗产中心等查询山西省国家级非物质文化遗产名录和相关文献资料，统计并整理出山西省国家级和省级两类非物质文化遗产项目的名称、项目类型结构等。这些文化遗产名录是山西人民“活”的文化传统和历史人文价值的有力佐证，它充分显示了山西是华夏文明发源地之一。这些文化遗产名录具有山西特定地域“融合”民族文化的代表性、地域性的特征。

根据国家级非物质文化遗产名录类型划分标准，山西省非物质文化遗产可以分为传统手工技艺、传统戏剧、传统医药、民间传统习俗、民间美术、民间曲艺、民间文学、民间舞蹈、民间音乐、杂技与竞技十大类（见图 4－1）。山西省的非物质文化遗产主要以传统戏剧为主，其次是传统手工艺、民间美术和民间音乐，这四种非物质文化遗产共有 57 项，所占比例较大，占所有非物质文化遗产的 66.28%，尤其是传统戏剧一项就占到了 24.42%。山西向来就是戏剧大省，晋剧在全国占有重要地位，一些地方戏剧，如二人台、太谷秧歌等有着很好的群众基础，使山西非物质文化遗产中传统戏剧可以源源不断地传承下来，不会因为缺少群众基础而致使传承人匮乏，其他非物质文化遗产如传统手工技艺、民间美术和民间音乐等也是如此；而其他的一些非物质文化遗产如杂技与竞技，因为危险性较大，而且对技术的要求比较高，群众很难掌握，造成了继承人的缺失；而传统医药受到现代制药技术的冲击严重，也导致了传统医药的衰落，不同的非物质文化遗产生存现状也造就了不同类型传承人[160]。这一研究结果表明山西省非物质文化遗产类型分布差异化明显：山西省独具特色的传统面食制作技艺、蒸馏酒技艺、漆器技艺、皮革鞣制等传统技艺类非物质文化遗产类型多样且挖掘较为充分，民俗、传统舞蹈、民间文学等省级项目晋升国家级的后备资源优势明显；以鼓书、琴书等形式存在的曲艺类非物质文化遗产项目和传统医药类（中医针法、中医传统制剂）等非物质文化遗产项目则需进一步保护和深度挖掘。

如此丰富的资源必将助力旅游发展，开拓非物质文化遗产旅游资源是山西省旅游发展的诉求。

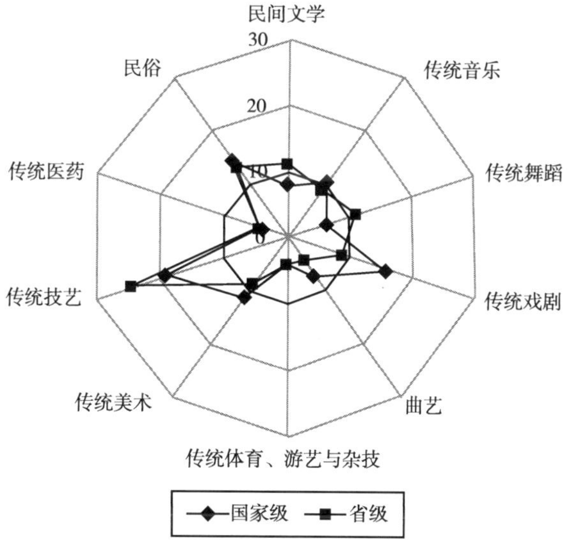

图 4－1　山西省非物质文化遗产项目类型结构分布

4.3 山西省非物质文化遗产空间分布状况及其规律性

4.3.1 研究方法

对山西省非物质文化遗产空间分布研究主要采用 EXCEL 数据分析和 ArcGIS 空间分析的手段，主要包括非物质文化遗产类型阶梯分布分析、市域空间分布分析和密度分析等[161-162]。信息采集和空间分析的工作底图是山西省地图（1∶100 万）。通过 ArcGIS10.0 数字化，建立山西省数据基础底图。基础底图的图层信息包含行政区划层（面状数据）、市域分布层。

空间密度分析。ArcGIS 空间密度分析法是一种在概率论中用来估计未知的密度函数，主要检测非物质文化遗产的空间分布密度分析方法。它是根据输入的样本数据以计算表征区域内数据集聚程度，从而产生一个连续的密度表面，核密度值越高，“非遗”申请地的分布密度越大[163]。本书借助 ArcGIS10.0 平台，对山西省非物质文化遗产旅游资源采用核函数密度分析法进行密度分析，实现对山西省非物质文化遗产旅游资源空间分布形态的分析。

空间数据探查。本书研究项目采用的工作底图的图层信息与山西省非物质文化遗产旅游资源空间信息均为矢量数据，所以运用矢量数据缓冲区分析等方法来分析山西省非物质文化遗产空间分布格局，包括省域范围分布状况、市域范围分布格局、不同类型非物质文化遗产分布格局、不同批次的文化遗产分布状况等。确定研究范围为山西省省域范围的国家级和省级非物质文化遗产，然后划定非物质文化遗产旅游资源类型进行空间统计分析。

4.3.2 山西省非物质文化遗产空间分布及聚集区域分析

以山西省国家级和省级两类非物质文化遗产申请地作为点状数据，利用

ArcGIS10.0中的“平均最近邻”方法计算非物质文化遗产的最近邻指数。通过“核密度估计”分析，形成山西省非物质文化遗产区域核密度分布图（见图4－2）。

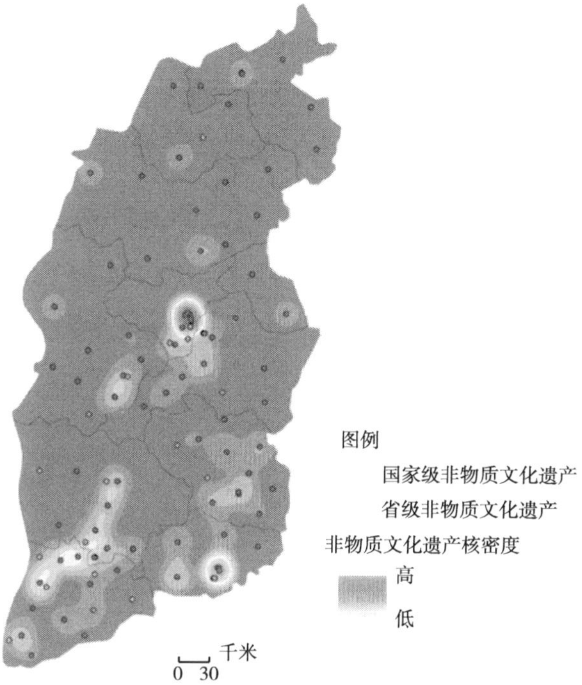

图4－2　山西省非物质文化遗产的核密度分布

注：底图来源于山西省自然资源厅网站。

（1）山西省国家级非物质文化遗产项目在区域分布层面形成了1个极核区，1个高度密集区，2个次级密集区和2个带状区域。其中极核区主要为太原盆地的区域；高度密集区主要为上党盆地；次级密集区，即以吕梁山、太行山周边地域形成的非物质文化遗产密集地。带状区域主要呈现在晋中盆地“晋商文化”非物质文化遗产带以及运城、临汾盆地“根祖文化”非物质文化遗产带。

（2）山西省省级非物质文化遗产项目在区域分布层面则主要呈现出均匀状态分布。其中太原、晋中盆地相对较为集中。运城、临汾盆地平均分布且数量较多。大同盆地省级非物质文化遗产项目偏少，忻州、定襄盆地省级非物质文化遗产也普遍偏少。这充分说明，运城、临汾盆地国家级非物质文化遗产项目尽管数量不足，但申报国家级非物质文化遗产项目的后劲比较充足；大同、忻州、阳泉等地域挖掘潜力较大，需要进一步努力。

4.3.3 山西省非物质文化遗产的行政市域空间分布

非物质文化遗产的多寡和等级高低是非物质文化遗产旅游资源对旅游者“吸引度”大小的一个衡量尺度。山西省非物质文化遗产旅游资源数量的集聚既体现其在城市空间中的空间分布意义又体现集聚经济意义[164]。探讨非物质文化遗产项目在行政市域空间分布具有重要意义。本书运用 ArcGIS10.0 软件，对山西省 11 个地市前四批非物质文化遗产（国家级和省级两级）进行数据分析，分别进行可视化处理，得到山西省非物质文化遗产行政市域空间分布状况图（见图4－3、图 4－4）。山西省 11 个市非物质文化遗产呈现出空间不均衡的集聚特征格局。按照山西省非物质文化遗产项目总数量，结合 11 个地市的非物质文化遗产项目数量，根据各级遗产赋存总数量，取平均值为分割线划分依据，国家级以 11 为分割线；省级以 46 为分割线；高于分割线的为非物质文化遗产富集区，低于分割线的为非物质文化遗产匮乏区。由图 4－3、图4－4 可得，国家级层面，太原、临汾、运城、晋中、长治等行政市域属于国家级非物质文化遗产富集区，忻州、吕梁等行政市域为非物质文化遗产一般区，而大同、阳泉、朔州等行政市域为国家级非物质文化遗产匮乏区。省级层面，太原、临汾、运城、晋中、长治、晋城等行政市域属于省级非物质文化遗产富集区，忻州、吕梁等行政市域为省级非物质文化遗产一般区，而大同、阳泉、朔州等行政市域为省级非物质文化遗产匮乏区。

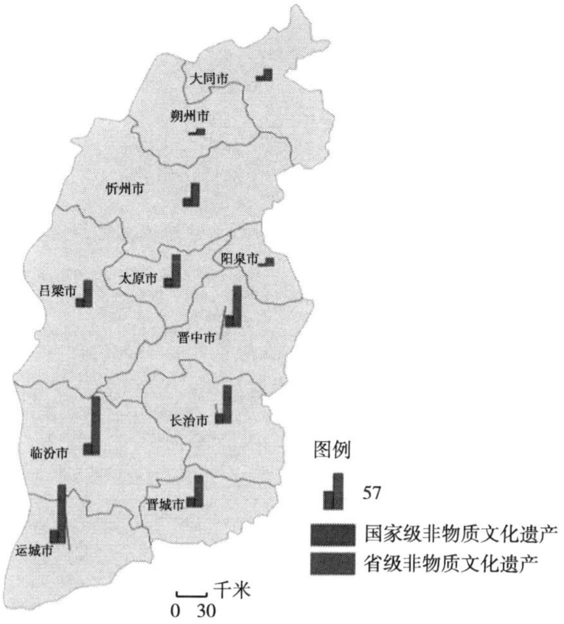

图 4-3　山西省非物质文化遗产的市域空间分布

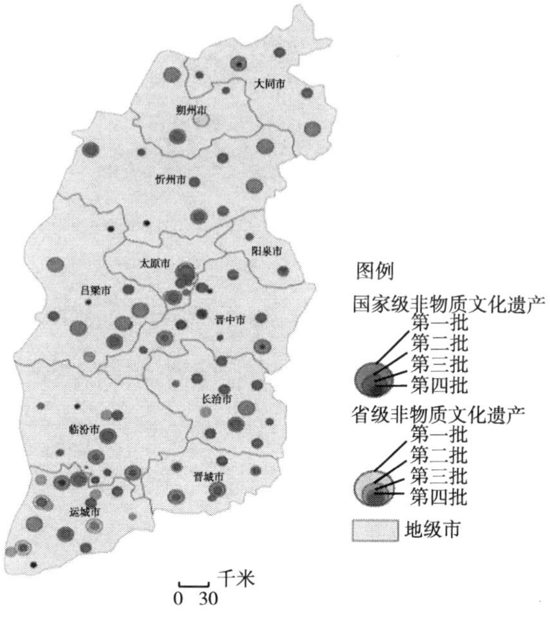

图 4-4　山西省非物质文化遗产资源时序空间格局

注：图 4-3、图 4-4 底图来源于山西省自然资源厅网站。

4.3.4 山西省非物质文化遗产的时序空间格局分布特征

山西文化遗产十分丰富，被誉为华夏文明发祥地。历史上的多民族融合造就了山西省多元民族文化共存，在山西省形成丰富多彩的传承“中华民族的根与魂”[165]的非物质文化遗产。通过分析发现山西省国家级、省级非物质文化遗产在时序空间分布上不尽相同。

（1）第一批、第二批国家级非物质文化遗产主要以民间文学、手工技艺、传统戏剧、传统美术为主。项目主要分布在运城、临汾盆地、上党盆地以及吕梁山脉。

（2）第三批、第四批国家级非物质文化遗产项目主要以传统曲艺、传统医药、传统民俗为主，其主要分布在太原、晋中盆地、忻州地区，上党盆地以及大同盆地等地域。其中，以太原、晋中盆地较为集中，呈集聚化的分布特色。

4.3.5 山西省非物质文化遗产分布特征形成的原因

作为历史“活态”文化的非物质文化遗产，它是在特定的历史时期和地域由民间创作的文化现象，深深根植于其生长的自然环境、地理环境和深厚的人文环境。

山西省非物质文化遗产在类型分布、区域分布、行政市域分布以及时序空间分布等方面表现出来的差异性，都与其所处的自然环境、地理环境和人文环境有关系。

山西特定的环境、气候变化、动植物生长等因素决定了山西省非物质文化遗产类型中传统面食制作技艺、蒸馏酒技艺、漆器技艺等传统技艺类非物质文化遗产类型多样且挖掘较为充分，形成了独具特色的山西面食等非物质文化遗产。另外，历史上山西是中国北方重要的人口外流地，人口的流动带动了音乐、民俗以及传统技艺等非物质文化遗产的发展。

山西地貌多样，类型复杂，形成了以城市发展和文明代表为核心和载体的运城、临汾、晋中、太原、上党、大同等盆地文化。非物质文化遗产就高度聚集在以上盆地区域，形成了极核区、高度密集区、次级密集区和带状区域分布。

经济与文化之间是相辅相成的促进关系。伴随经济发展形成的核心地域——城市就成为文明的象征。那些历史文化底蕴较强、经济发展程度高的区域，“非遗”的分布集聚性明显。太原是山西省省会城市，历史文化悠久，区域历史文化底蕴较强、经济发展程度高，所以“非遗”的分布集聚性明显。太原、临汾、运城、晋中、长治等城市具有深厚的文化底蕴，太原市的“唐风晋韵”，晋中市的“晋商故里”，临汾、运城的“根祖文化”，长治的“上党文化”等都具有浓郁的地方文化色彩，拥有更为丰富的非物质文化遗产项目。而朔州、阳泉、大同等为国家级、省级非物质文化遗产匮乏区。究其原因，朔州、阳泉由于地处偏远山区，面积较小，非物质文化遗产总量偏少，大同则由于“资源诅咒”的怪圈，因煤而富，也因煤而衰，片面发展煤炭经济，不注重对非物质文化遗产的保护，列入国家级和省级的非物质文化遗产数目较少。

山西省非物质文化遗产的时序格局分布，印证了山西文化的形成、发展与人类社会发展是同步的。山西省厚重的传统文化在这里得到了进一步体现。晋南地区一直是中华文明的摇篮和发源地，是第一批、第二批非物质文化遗产主要聚集地；随着社会经济发展，尤其是元明清时期，文化重心北移，太原、晋中等地成为第三批、第四批、第五批非物质文化遗产主要聚集地。

4.3.6　山西省非物质文化遗产的时空分布与旅游发展的相关性

通过分析山西省非物质文化遗产的阶梯状分布特征，区域分布特征、行政市域分布特征以及时序空间分布特征的变化等，详细梳理了山西省非物质文化遗产资源禀赋情况，也说明了非物质文化遗产资源与旅游发展存在必然联系。为了进一步说明问题，本书对 2020 年山西省旅游数据进行了回归分析。

本书运用 SPSS 分析软件中的回归分析功能，对山西省 11 个地市 2020 年旅游总收入、旅游外汇收入、国内旅游收入、海外旅游人次、国内旅游人次等数据（见表 4 – 1）与山西省非物质文化遗产项目进行 SPSS 回归分析（见表 4 – 2、表 4 – 3），得出 Sig =0. 000 <0. 05，“非遗”与相关旅游因素之间系数检验显著，表明非物质文化遗产（自变量）可以有效预测其他因变量的变异。在“非遗”与国内旅游收入、国内旅游人次等回归分析中，R^2 决定系数在 0. 85 以上，代表回归方程对因变量的解释程度较高，双方拟合度高，说明山西省非物质文化遗产项目分布与山西省旅游业的发展之间存在显著正相关关系。而在“非遗”与海外旅游收入、海外旅游人次等回归分析中，R^2 决定系数在 0. 85 以下，代表回归方程对因变量的解释程度不高，双方拟合度较低。因此，需要加大非物质文化遗产的国际宣传力度，充分展示遗产文化内涵，将山西省非物质文化遗产所具有的独特性、差异性和多样性的特征真正满足各种不同文化背景、不同类型、不同年龄旅游者的多样化旅游需求，才能让外国旅游者真正认识山西省文化遗产内涵，增加入境旅游人次。

表 4 – 1　山西省各地市非物质文化遗产及旅游相关数据

2020 年	旅游总收入（亿元）	入境旅游人次（万）	旅游外汇收入（万元）	国内游客接待人次（万）	国内旅游收入（亿元）	国家级“非遗”数（个）	省级非遗数（个）
全省	30827. 5	85. 658	289856	29942. 2	3558. 7	168	643
太原市	545. 05	17. 1	8000	4176. 4	695. 7	17	63
大同市	280. 7	8. 2	3519. 8	2751. 8	256. 2	9	23
阳泉市	153. 4	3. 7	87. 3	1816. 8	149. 2	4	15
长治市	270. 3	2. 3	1475. 2	2691. 2	273. 2	18	72
晋城市	252. 4	10. 1	633. 7	2715	242	18	62
朔州市	121. 3	8. 5	712. 4	1148. 2	129. 2	4	11
晋中市	478. 1	20. 1	10539. 2	4003. 9	481. 9	21	78
运城市	270. 8	2. 9	773. 6	3464. 8	368. 3	25	113

续表

2020 年	旅游总收入（亿元）	入境旅游人次（万）	旅游外汇收入（万元）	国内游客接待人次（万）	国内旅游收入（亿元）	国家级“非遗”数（个）	省级非遗数（个）
忻州市	256.3	4.7	1616	2397.5	340.1	15	44
临汾市	262.8	3.6	1430.2	2626.7	341.4	21	111
吕梁市	191.6	4.458	198.2	2150.1	281.5	16	51

资料来源：2020 年各地市、山西省国民经济和社会发展公报的数据整理。

表 4－2　山西省国家级非物质文化遗产及旅游回归分析

国家级“非遗”	旅游总收入	旅游外汇收入	国内旅游收入	国内旅游人次	入境旅游人次
Sig	0.000	0.000	0.000	0.000	0.000
R^2	0.991	0.839	0.982	0.989	0.824

表 4－3　山西省省级非物质文化遗产及旅游回归分析

省级“非遗”	旅游总收入	旅游外汇收入	国内旅游收入	国内旅游人次	入境旅游人次
Sig	0.000	0.000	0.000	0.000	0.000
R^2	0.984	0.829	0.968	0.977	0.842

本书运用 SPSS 软件和 EXCEL 数据分析软件，运用 ArcGIS 空间密度分析、空间数据探查等研究方法，从山西省非物质文化遗产类别结构、非物质文化遗产空间分布类型与聚集区域分布形态、市域空间分布规模特征、时序格局分布特征四个方面对山西省非物质文化遗产旅游资源的空间分布特征进行了研究，并探讨了非物质文化遗产资源分布与旅游相应的关系。研究结果表明：

（1）山西省非物质文化遗产类型空间分布差异化特征明显。国家级、省级非物质文化遗产中传统医药类、传统体育、游艺与杂技类数量较少。山西省独具特色的传统面食制作技艺、蒸馏酒技艺、漆器技艺、皮革鞣制等传统技艺类非物质文化遗产类型多样且挖掘较为充分；民俗、传统舞蹈、民间文学等省级项目晋升国家级的后备资源优势明显；以鼓书、琴书等形式存在的曲艺类非物质文化遗产项目和传统医药类（如中医针法、中医传统制剂）非物质文化遗产项目则需进一步保护和深度挖掘。

（2）山西省国家级非物质文化遗产项目在省域分布层面呈集聚型分布特征。以极核区、高度密集区、次级密集区和带状区域为主要分布现状。省级非物质文化遗产项目在省域分布层面则主要呈现出均匀状态分布。

（3）山西省非物质文化遗产项目在时序分布上呈现出不同的特征。第一批、第二批非物质文化遗产无论在国家级层面还是省级层面，主要以民间文学、手工技艺、传统戏剧、传统美术为主。其主要分布地域在临汾、运城等文化厚重的地域；第三批、第四批非物质文化遗产以传统曲艺、传统医药、传统民俗为主，其分布地域有所扩大和变化。

（4）山西省11个地市非物质文化遗产分布呈现出空间不均衡的集聚特征格局。非物质文化遗产富集区的旅游业发展速度较快，旅游收入、旅游人次较多；非物质文化遗产匮乏区的旅游业发展较低。

4.4 山西省非物质文化遗产的历史文化、旅游价值

4.4.1 山西省非物质文化遗产的历史文化价值

非物质文化遗产是社会的“活化石”，它记录了一个民族文化遗产的发展历史和进程。山西省非物质文化遗产具有较高的历史研究价值，如山西戏曲是中国戏剧史上的“活化石”，清晰地呈现出了中国古代戏曲的动态演进轨迹。

历史价值。由于山西省非物质文化遗产大部分位于环境相对封闭的地区，

因此非物质文化遗产中，一些民间文学、方言习语、节庆庙会的保留很具有历史价值，这为历史学、社会学、文化人类学、民俗学提供了丰富的科考价值。

文化价值。山西是华夏文明的发祥地之一，这里既有中原文化的继承又有北方少数民族文化的融合，既有晋商经济的文化繁荣也有晋商同其他省、异国文化交流带来的文化繁荣。留存的非物质文化遗产就是“非遗”文化的活性基因，是这些文化在现代的真实体现，其对传承中华民族的文化具有重要意义。

4.4.2　山西省非物质文化遗产的旅游利用价值

遗产旅游是世界旅游主题之一。2003 年联合国教科文组织提出《保护非物质文化遗产公约》，以促进各国重视保护多元的、富有生机的无形传统文化[166]。山西历史上是一个多民族融合的地域，非物质文化遗产赋存度高。非物质文化遗产是山西人民世代传承，与群众生活密切相关的各种传统文化表现形式和文化空间。非物质文化遗产既是历史发展的见证，又是珍贵的文化资源。非物质文化遗产是本土精神文化的重要象征，与物质文化遗产一样，“非遗”根植于地方自然、历史、文化，历经千百年传承，积淀于人们的日常生产生活之中，以“日常生产生活（Living）”的状态传达着祖辈的智慧，正是因为具有“日常生产生活”的地域文化差异，山西省非物质文化遗产成为吸引旅游者的新动力。“非遗”旅游化对于促进传统文化传承、传播的积极作用十分明显[167]。从日韩等国“非遗”旅游发展经验表明，传统技艺、民俗和传统表演类“非遗”旅游较受欢迎。从山西省非物质文化遗产数量看，国家级项目中传统戏剧、传统技艺和民俗位列前三；省级项目中传统技艺约占总量的 1/4，其次为民俗、民间文学、民间舞蹈。从空间分布看，传统技艺、民俗这两类“非遗”项目山西大部分县均有，山西中部的太原市区、东南部的泽州县和阳城县、南部的新绛县等比较集中。所以说，山西省非物质文化遗产资源具有非常高的旅游利用价值。在山西省大力发展文化旅游的今天，非物质文化遗产旅游无疑具有重要的意义。具体来讲，山西省非物质文化遗产具有如下旅游利用价值。

（1）多元的艺术欣赏价值。非物质文化遗产，一般都具有较高的艺术欣赏价值。山西省的非物质文化遗产主要是传统戏剧、传统手工艺、民间美术和民间音乐。山西省的汉族戏曲艺术历史悠久、种类繁多，在中国戏曲舞台上占有重要地位。蒲剧、晋剧、北路梆子和上党梆子是山西地方戏曲的四大支柱，称为四大梆子。四大梆子系同根异枝，一脉相承，为梆子腔的正宗，积淀并代表着汉族戏曲艺术的历史文化价值，同时也反映出流传区域的汉族民风民俗，显示出较高的观赏价值，对游客有较大的吸引力。

（2）独特的休闲娱乐价值。基于消费文化的增长，人类已经进入了休闲娱乐的时代。现代的游客对娱乐性强、功能完备的旅游行业，表现出了极大的兴趣。非物质文化遗产产生于民间的生产生活之中，是民众缓解身心、调剂生活的重要方式之一。作为一种产生于民间的文化形式，非物质文化遗产由民众创造、使用、传承、发展和完善，是民众生活的活态产物，所以民间性这一特质决定其必然具有强烈的参与性和体验性。如祁太秧歌是山西极具代表性的民间艺术之一，又被称作“晋中秧歌”，广泛流行于山西晋中的一些地区，深受广大人民的喜爱。祁太秧歌主要受到元代北杂剧、明代中期山西四大声腔的戏剧形式，以及清末受到踩街秧歌、凤阳花鼓戏等综合影响而产生，是极富特色、综合性的地方小戏。山西盛行元杂剧因而修筑了大量的戏台，并且其表演获得了良好的群众基础和文化氛围，祁太秧歌的萌芽由此逐渐产生并发展起来。

（3）鲜明的地域文化价值。地域性是非物质文化遗产的典型特征，是一个地域民间生产方式与生活形态的艺术化印象，同时也是旅游产业发展的重要因素。祁太秧歌作为地方性的民间小戏，与百姓精神文化生活息息相关，在山西具有很大的影响力。祁太秧歌发展至今已有几百年的历史了，其产生和发展与当地政治、经济、文化有着密不可分的关系，都具有鲜明的原生态特质，这种原生态特质与祁县历史文化源远流长、博大精深、底蕴深厚，具有鲜明的地域特色是分不开的。祁太秧歌保持着民歌特点并以民歌的面貌在群众中广泛传唱的富有特色的民间文化艺术，其地域文化艺术特色鲜明，生活气息浓郁，其主要发源地为山西省祁县、太谷一带，除晋中市所辖平川各县外，辐射影响到周边的文水、交城、孝义、汾阳、太原南郊、阳曲、清徐等 10 余县市，可见其流布范围之广。在非物质文化遗产的保护过程中，我们应该为其注入新的活力，使其与重点产业的发展紧密地结合起来，更好地融入今天的社会生活之中，为我们未来社会的发展、传承提供优秀的文化因子。

第 5 章

晋中文化生态保护与旅游开发的互动及其机制

幸福生活不只在于丰衣足食，也在于碧水蓝天。

——罗军

“文化生态”包括有形的文化资产和无形的文化资源，影响着人们的文化观念、价值观念、道德观念、审美观念等。“文化生态保护与建设”是从人—机—环境—社会之间的关系入手，创造一个自然科学与人文艺术整合统一、文化生态与人类生活相互依存、相互补充、共同持续发展的和谐空间。文化生态作为旅游资源的开发和文化资产的挖掘、利用、整理、保护具有现实意义。除了旅游中的自然景观，传统民族民间艺术和民俗文化及其生存环境作为文化资源的一部分，可以开发新的旅游项目，充实旅游内容，增强文化氛围，从而增加旅游的人文含量和文化品位。而旅游文化商品、旅游纪念品的开发对民间手工文化和民间工艺的发掘和再利用也有促进作用，同时也是旅游资产和文化生态的重要内容。作为无形的文化资源的重要部分的非物质文化遗产，如何进行“活态化”的保护成为关注热点。当非物质文化遗产保护成为 21 世纪头 10 多年中国文化建设的潮流之后，在总结、吸收建立生态博物馆和民族文化生态保护村（寨）经验的基础上，国家提出了建设文化生态保护区的新举措，并从 2007 年起在全国 17 个省份陆续建立了 24 个国家文化生态保护（实验）区。

国家级文化生态保护（实验）区设立的条件[168]：

——传统文化历史积淀丰厚、存续状态良好，并为社会广泛认同；

——非物质文化遗产资源丰富，分布较为集中，且具有较高的历史、文化、科学价值和鲜明的区域特色、民族特色；

——非物质文化遗产所依存的自然生态环境和人文生态环境良好；

——当地群众的文化认同与参与保护的自觉性较高；

——当地人民政府重视文化生态保护区建设工作，保护措施有力。

文化生态保护（实验）区对于非物质文化遗产的保护不仅仅靠单纯的知识与技艺的保存和传承来达到保护的目的，而是要恢复、整合和重建这些非物质文化遗产项目的文化生态，使它们在当下生态文明的建设中得到持续的发展。但是目前在非物质文化遗产的保护过程中，面临的主要问题有几个方面：一是我国非物质文化遗产生存的文化生态环境急剧改变，资源流失状况严重，后继乏人，一些传统技艺面临灭绝；二是法律法规建设有待加快，非物质文化遗产还没有得到依法保护；三是文化遗产保护意识有待提高，保护机制急需完善。

5.1 晋中文化生态保护实验区

5.1.1 晋中文化生态保护实验区概况

目前全国创立的24个文化生态保护（实验）区中，有17个属于试点的实验阶段。从全国生态保护（实验）区的建设情况来看，各保护区都有自己形成和发展的特殊的社会基础、文化渊源、历史背景、文化形态、发展变迁、现状问题等，尤其是在“以保护非物质文化遗产为核心”和“保护为主，抢救第一，合理利用，传承发展”建设方针的理解和实践上存有差异。目前设立的24个文化生态保护（实验）区，有些保护区只是地域性的差异，亚文化属于同一类型，如武陵山区（湘西）土家族苗族文化生态保护实验区，武陵山区（鄂西南）土家族苗族文化生态保护实验区，只是地域性存在差异，而保护的文化生态基本类似，因此，从文化形态上来看，实际是17个。其中，有的侧重文化的地域性（闽南文化、徽州文化、潍水文化、晋中文化、陕北文化），有的侧重文化的民族性、族群性（羌族文化、客家文化、藏族文化），有的结合文化的地域性与民族性（武陵山区土家族苗族文化、迪庆民族文化、大理民族文化、黔东南民族文化），有的侧重文化的独特性（热贡文化、铜鼓文化、格萨尔文化、说唱文化），有的侧重文化环境与生产方式（海洋渔文化）。文化生态保护（实验）区的保护对象和范围，主要是根据文化形态来决定的。

晋中文化生态保护实验区是全国建设的24个文化生态保护（实验）区之一，是特定地域文化的代表。晋中文化生态保护实验区是国家级文化生态保护实验区之一，地处山西中部，东依太行山，西傍吕梁山，覆盖晋中、太原、吕梁 3 个市 19 个县，总面积 2.3 万平方千米，人口 627.5 万。山西省内的国家级非物质文化遗产代表性项目名录的 1/3 分布在该保护区内。所以，晋中文化生态保护实验区是保护特定的“晋”文化代表。晋中文化生态保护实验区所处区域，北接草原、南引中原，汾河、黄河文明脉络清晰，草原文化与黄土高原的农耕文化、商业文化相交融，历史文化遗存厚重而独特。这个区域是山西非物质文化遗产项目最集中的重点地区，从其历史典型性、资源多样性、遗存传承性等特点来看，在中华民族多元一体文化格局中占有突出地位，是华夏传统文化的典型代表和重要组成部分。由于该区域历史上长期处于农耕文明和游牧文明的交汇地带，所以能够保留着根植于农耕文化中的节俗文化、粟文化、醋文化、酒文化、药文化、武文化、乐文化、农时文化等，能够具有传承农工并举、商儒结合、耕读传家、乐舞相济等诸多代表性文化项目。晋中文化生态保护实验区所辖晋中市 11 个县（区、市）和太原市晋源区、小店区、清徐县、阳曲县 4 县，吕梁市汾阳市、孝义市、交城县、文水县 4 县，共计 19 个县级行政区域，保护区总体规划期限为 15 年。保护区还将历史特征显著、文化遗存集中的榆次、太谷、祁县和平遥 4 县区划定为核心区。近年来晋中文化生态保护实验区坚持文化生态保护的真实性、完整性，依法和科学保护，在保护区建设过程中统筹规划、突出重点、分步实施。

明确文化生态保护对象的多样性和特殊性，厘清新型城镇化背景下文化生态保护区建设与民族传统文化保护之间的关系，不仅有助于推动晋中文化生态保护区建设工作的顺利进行，也可以有效维护文化生态保护区内民族传统文化的整体性保护和传承发展，这对全面优化晋中地区文化生态环境和人文环境，增强当地民众的民族文化认同感和文化自觉具有重要的现实意义。“建立晋中文化生态保护实验区的意义在于，从非物质文化遗产的依法保护、整体性保护、生产性保护、抢救性记录保存等多个层面进行文化生态保护体制机制的探索和尝试。”为此，山西相继出台了《晋中文化生态保护区总体规划》《关于建设晋中文化生态保护实验区的意见》等一系列规章制度。

5.1.2 晋中文化生态保护实验区文化生态建设进程

晋中建设国家级的晋中文化生态保护实验区是保护特定文化生态发展的需要。晋中文化生态保护实验区的建设大致经历了如下几个发展阶段。

一是晋中文化生态保护实验区创建阶段。2010 年 12 月 11 日，由中共山西省委宣传部、中共晋中市委、市政府、山西中华文化促进会主办的国家文化生态保护区“大晋中”文化旅游核心区重大规划启动座谈会在晋中市举行。会议听取了文促会对国家文化生态保护区“大晋中”文化旅游核心区的规划、设想方案，并与相关专家进行了座谈。在此基础上，晋中市政府与文促会签署了战略合作协议，这标志着国家文化生态保护区“大晋中”文化旅游核心区重大规划正式启动。

2010 年，文化部批准涵盖晋中、太原、吕梁三市 19 个县（市区）、文化区域概念可泛指为“大晋中”的山西中部地区为国家级晋中文化生态保护实验区。学术界一致认为，这一地区草原文化与黄土高原的农耕文化、商业文化交相融汇、兼容共生，是华夏传统文化的重要组成部分和典型代表。与其他实验区相比，“大晋中”文化区域的历史典型性、资源多样性、遗存传承性首屈一指，在中华民族多元一体文化格局中占有十分突出的地位。专家们普遍认为，在“大晋中”文化区域 19 个县（市区）中，榆次、太谷、祁县、平遥 4 县区历史特征显著、文化遗存集中，处于核心区。晋中文化生态保护实验区的总体规划、设计和建设，当从核心区入手，逐步向辐射区展开。在此基础上出台了《关于促进国家文化生态保护区建设启动“大晋中”文化旅游核心区规划的框架意见》《“大晋中”文化旅游核心区总体规划构想》等文件，此次核心区重大规划启动座谈会的主要内容就是对总体规划作进一步的完善。

此次“大晋中”文化旅游核心区规划，按照“三结合（保护与开发相结合、政府主导与市场运作相结合、经济效益与社会效益相结合）”方针，促进榆太祁平地区文化旅游资源与资本、人才、策划、管理等市场要素的更紧密结合，加快市场化、产业化、项目化进程，推动“大晋中”文化旅游核心区在全省率先发展、重点突破，成为山西转型综改实验区建设的重要标志，成为三晋文化大发展、大繁荣的最大亮点，是对山西省加强文化旅游融合、加快文化旅游产业发展的践行，是山西晋中文化旅游发展史上一次具有战略意义的重大举措，具有划时代的意义。“大晋中”文化旅游核心区重大规划得以启动，这对晋中来说是重大的机遇，晋中得以实现新的登高望远。通过规划引领、项目为本、产品多元、市场运作、点面结合、长短兼顾、政府服务，晋中市政府抓住“大晋中”文化旅游核心区建设这一机遇，全市上下全力以赴、奋发有为，为做大做强晋中文化旅游产业，为“四化”率先发展区的早日实现打响新一轮的战役。

二是晋中文化生态保护区推进阶段。山西省将晋中文化生态保护实验区列入文化服务转型跨越的重点项目，原山西省文化厅与有关市县从率先推动文化转型跨越发展的高度，从促进晋中地区文化资源与产业、市场结合的角度，突出保护机制、保护理念、保护内容和保护方法，创新非物质文化遗产保护机制体制。2014 年 12 月 24 日，山西省政府主持召开晋中文化生态保护实验区建设领导小组会议，太原市、晋中市、吕梁市政府和领导组 14 个成员单位负责同志参加了会议。“抓好晋中文化生态保护实验区建设，是建设文化强省的重要抓手，是一项创新性、开拓性的工作，是时代赋予我们这一代人的神圣使命”，会议强调各部门在职责范围内要积极落实责任，配合做好晋中文化生态保护实验区的各项工作。2015 年 7 月，由山西省文化厅主办的“晋中文化生态保护实验区”建设工作培训在吕梁开班。培训以授课与观摩相结合的方式展开，学员们学习了《山西省非物质文化遗产项目保存工作规范和技术标准（试行本）》《山西省文化厅关于加强非物质文化遗产档案管理的指导意见》等文件，并实地参观了太原市、交城县、汾阳市、孝义市综合传习中心。该次培训对于强化文化生态保护意识，落实文化生态保护工作起到了非常重要的作用。当地政府不仅对区域内的物质文化遗产状况、非物质文化遗产状况进行了系统梳理，还对区域内的国家森林公园、国家湿地公园、国家级自然保护区的情况进行了摸底，努力把非物质文化遗产保护同当地的历史条件、现实需求及发展方向相结合，多数与非物质文化遗产项目关系密切的物质文化遗产和自然景观都得以认定、建档并挂牌，并且依托旅游开发得到了恢复与修复。

2016 年，山西省发展和改革委员会、省文化厅专门出台《山西省“十三五”文化改革发展规划》，“完善非物质文化遗产代表性项目名录、传承人评审机制和专项资金监管等长效机制，推进“晋中文化生态保护实验区”整体性保护工作，实施“乡村文化记忆工程”，[169] 力图通过加快发展重点文化产业园区和特色文化产业群，积极探索“文化 +”产业融合发展新模式。2018 年，山西省文化和旅游部门整合，时任文化和旅游厅厅长刘润民强调，通过省域国家级文化生态保护实验区建设，要“盘活用好各地节庆民俗、文物古迹、山川名胜、人文风情等文旅资源，打好文艺精品、旅游精品、演艺精品、民俗精品几张牌”，要让三晋文化“亮”起来，让文物古迹“活”起来，让节庆活动“燃”起来，让创意产品“热”起来[170]。

文化生态保护（实验）区地方政府积极推动非物质文化遗产基础设施建设。发改部门将“非遗”保护工作列入国民经济和社会发展规划；财政部门持续增加“非遗”保护经费投入；国土、住房和城建部门将“非遗”保护利用基础设施列入城乡建设规划；环保、经济和信息化部门强化对“非遗”保护专业技术指导；文化和旅游部门采取融合发展措施，吸引 30 个项目进景点展演、展示；商务部门组织“山西品牌中华行”，邀请“非遗”项目参展，有效地扩大了山西“非遗”项目知名度和美誉度。

通过多年来文化生态保护实验区的建设，晋中文化生态保护实验区文化生态保护取得了不菲的成绩。主要有以下几个方面。

（1）完善了非物质文化遗产名录及传承人体系。通过深入调查对晋中文化生态保护实验区非物质文化遗产进行深入挖掘整理，并通过逐级推荐、申报，不断完善非物质文化遗产代表性项目名录和代表性传承人名录。截至 2017 年，晋中文化生态保护实验区共有国家级非物质文化遗产保护名录 19 项，省级名录 75 项，市级名录 193 项；国家级非物质文化遗产代表性传承人

12 人，省级 105 人，市级 225 人。

（2）建立和完善了一批县级综合传习中心、生产性保护基地等基础设施体系。晋中文化生态保护实验区建设了 7 个县级“非遗”综合传习中心，灵石、昔阳、太谷、和顺、平遥五个县级综合传习中心已经建成，介休、榆社正在建设中。另外，晋中市已建立 1 个国家级非物质文化遗产生产性保护示范基地（山西广誉远国药有限公司），两个省级非物质文化遗产生产性保护示范基地（山西黄河中药有限公司、平遥薛生金漆艺研发有限公司），83 个“非遗”项目传习所、传承基地和展示馆。

（3）加强抢救性记录保存工作。晋中市先后出版了《平遥牛肉》《漫谈平遥漆艺》《太谷秧歌》《龟龄集探秘》《昔阳拉话》等“非遗”保护图书；复排了《齐王拉马》《打金枝》《下河东》等传统晋剧；恢复排练了《刘三推车》《双唤妹》《三婿拜寿》等传统祁太秧歌剧目，录制出版了 220 多个祁太秧歌曲目剧目；复排了《打秋千》《打樱桃》等优秀传统小花戏剧目。

（4）作为“非遗”保护、传承的重要手段，积极开展非物质文化遗产进校园活动。目前，晋中市的左权小花戏、榆社霸王鞭项目已进入中小学课堂，祁太秧歌进入太谷县中小学第二课堂，山西农业大学信息学院已将形意拳作为大学生的选修体育项目之一，平遥在职业中学建立传统技艺传习培训基地。

晋中市非物质文化遗产丰富，民俗积淀深厚。下一步，晋中将在积淀、传承、吸纳与再积淀的动态模式中，抓好“非遗”普查、保护、宣传和传承各项工作[171]。在晋中文化生态保护实验区（19 个县、市区）中，榆次、太谷、祁县、平遥 4 县区历史特征显著、文化遗存集中，处于核心区。处于核心区的 4 县区，在文化生态保护方面做了更多扎实的工作：

（1）太谷县作为国家级晋中文化生态保护实验区核心区，文化生态资源丰富，目前，被列入国家级“非遗”保护名录的“非遗”项目 6 项、省级 12 项、市级 22 项、县级 96 项。有国家级“非遗”代表性传承人 5 人、省级 15 人、市级 22 人、县级 69 人。建有太谷秧歌、太谷饼、形意拳、龟龄集、定坤丹、晋派砖雕等各类“非遗”项目传习所，县级“非遗”综合传习中心的建设也进入布展阶段，2020 年 5 月已经正式投入运营。自 2010 年列入国家级文化生态保护实验区以来，太谷县委县政府将文化生态保护实验区工作纳入全县经济社会发展的战略部署当中，成立了“文化生态保护区工作领导组”，编制了《太谷文化生态保护规划纲要》及实施细则，采取生产性保护、抢救性保护、整体性保护等多种措施，积极传承历史文脉，大力弘扬传统文化，文化生态资源得到有效的保护、传承和发展[172]。

（2）平遥县自 1997 年平遥古城成功申遗以来，“非遗”保护与内涵挖掘的力度逐年加大，专门成立了非物质文化遗产机构。已经公布了 4 批 87 项县级非物质文化遗产名录，其中，国家级 4 项、省级 12 项、市级 23 项，门类齐全，项目丰富，是全国“非遗”项目最为齐全的县级城市之一。市级非物质文化遗产保护的名录体系已经建立，奠定了平遥作为国家级晋中文化生态保护区核心区域的一个基础；建立了一系列的博物馆、展示馆、传习中心、传习所；生产性保护方面取得的成效，它也与旅游结合起来进行发展，对非物质文化遗产实际上是实行的是一个抢救性的保护。

（3）榆次区有国家级“非遗”项目 2 项、省级 6 项、市级 30 项，涵盖传统体育、游艺与杂技、传统美术、传统手工技艺、音乐、民俗等，门类齐全，项目丰富，是全国“非遗”项目最为齐全的县级城市之一。

（4）祁县作为文化生态保护实验区的核心区之一，有国家、省、市级非物质文化遗产项目 23 项。其中，国家级项目 2 项（祁太秧歌、戴氏心意拳）；省级项目 9 项（背铁棍、祁县小磨香油制作技艺、祁县民居建筑习俗、秧歌戏（祁县武秧歌）、晋中吹打、城赵剪纸、宏远贾令熏肉、祁县弓力拳、人工吹制玻璃器皿）；市级项目 12 项（祁县泥人制作工艺、祁县犀牛望月镜制作工艺、王氏痛肤贴 、接骨中药—还原丹、段氏消刺止痛贴、高氏烧伤疗法、乔家醋、西砲灌长、周氏苍耳汤、祁县八碗八碟制作技艺、耐咬咬制作技艺、李氏脊柱拔罐诊疗法）。

总体来讲，晋中文化生态体现出几个特点[173]：

（1）农工并举。晋中是黄河流域农耕文化发源地之一，农耕是整个地区生产与生活的基本形式，当地特有的商业、手工业都是围绕农耕发展起来的。农工并举的劳动方式和产业结构保障和推动了独具特色的民俗、艺术、商业的形成与发展。

（2）商儒结合。晋中是晋商文化之乡，晋商不仅留下了技艺精湛、气势恢宏的古城大院等有形文化遗产，而且传统礼仪、信仰、文艺等也都因商业繁盛和商人影响而独具特色。同时，晋商受儒家思想影响，形成以“勤奋节俭、明礼诚信、精于管理、勇于开拓”为核心内涵的儒商精神。这种价值观在晋中广泛传播并世代传承。

（3）乐武相济。晋中文化“乐武相济，雅俗共赏”。“乐”即寓乐于当下，体现了人们对生命和生活的乐观态度；“武”即尚武精艺、勇以为用。“乐”与“武”都蕴含着儒家“仁”“义”“礼”等精神内涵，保持身与心和谐的价值取向和行为规范。

在晋中文化中，“农”奠定了物质生活的基础；“儒”提供了道德价值的源泉；“商”所形成的资源和需求使得发源于农耕文明的“工”得以精致化；“乐”“武”赋予了其审美属性。这六要素相互融合支撑，形成了晋中文化生态的总体特征。晋中文化生态保护实验区文化生态的保护也是基于此层面的总体保护。

从晋中文化生态保护实验区来看，“农”“儒”“商”“乐”“武”的有机结合和直接体现最典型的表现就是在其文化生态保护区域内保留有大量古朴厚重、极富历史底蕴和文化内涵的古村镇。这些古村镇融合了非物质文化遗产的要素，高度凸显了晋中文化生态特色。其中仅晋中市的古村镇就有 28 个，晋中市平遥县数量最多，达到 10 个。保护区内非物质文化遗产资源广泛分布于乡村田野且各具特色，其中国家级保护代表项目 35 项、省级项目 87 项，涵盖医、体、艺、民俗及节庆活动几大类别，既有与商业文化特色联系紧密的“非遗”资源，也有极具农耕色彩的文明遗存。如祁太秧歌、晋剧、手工技艺等，至今仍表现出广泛的群体性、表演性和社会实践性，与乡村的生产生活融于一体，与自然、经济、社会联系紧密。特别是一些至今保存完好的古村镇最具典型性，久远的历史街区、民居大院等物质文化遗产与乡土生活中丰富的活态非物质文化共同描绘出一幅幅生态和谐、富于韵味的美丽画卷，为民众提供着认同感，并成为当下城镇化进程中留住乡村记忆、构建生态文明、探索建设有文化品质的乡村发展模式的现实参照。

5.2 晋中文化生态保护实验区建设原则

根据《国务院关于加强文化遗产保护的通知》（国发〔2005〕42 号）、《国务院办公厅关于加强我国非物质文化遗产保护工作的意见》（国办发〔2005〕18 号）精神和《国家“十一五”时期文化发展规划纲要》要求，文化部开展了文化生态保护区建设工作。为进一步深化非物质文化遗产保护，加强国家级文化生态保护区建设，文化部在 2010 年《关于加强国家级文化生态保护区建设的指导意见》中提出文化生态保护区建设的七个原则：在文化生态保护（区的建设工作中，应坚持以保护非物质文化遗产为核心的原则，坚持人文环境与自然环境协调、维护文化生态平衡的整体性保护原则，坚持尊重人民群众的文化主体地位的原则，坚持以人为本、活态传承的原则，坚持文化与经济社会协调发展的原则，坚持保护优先、开发服从保护的原则，坚持政府主导、社会参与的原则。这七个原则的提出对于全国文化生态保护（实验）区的建设，具有重要的指导意义。晋中文化生态保护实验区的建设基于以上 7 个原则，以非物质文化遗产保护为核心，对晋中文化及其所在的文化生态环境进行整体性保护，以实现文化生态环境的均衡发展和文化事项的活态传承，提升民众的文化自觉和文化自信，推进区域内人文环境、自然环境、经济社会环境的协调可持续发展。

晋中文化生态保护实验区文化生态保护坚持如下原则。

（1）特色化保护原则。晋中文化生态保护实验区文化特色鲜明，是兼具有中原文化和游牧文化双重特色。因此，在保护晋中文化生态时，一定要坚持“特色化”保护，特色即“晋中”文化特色，主要是指晋中文化生态保护实验区的主导性特色差异文化，就是区域内与其他区域文化的外在和内在上的特征有着鲜明的不同：与以唐卡等为主要文化特色的热贡生态保护区不同；与安徽与江西共同建设的徽州文化生态保护区着重弘扬的徽州文化不同；与海洋渔文化（象山）生态保护实验区的耕海牧渔不同，更是有着与一般的农耕和游牧文化存在巨大差异的文化。这就是特色，晋中文化生态保护实验区的特色。

文化特色既是历史形成的，也是现实社会政治经济自然生态和传统文化等的延续。历史形成的主要是指它有着较为悠久的传承时间和脉络清晰的特点，目前来看，24 个文化生态保护（实验）区的文化特色都属历史形成，传承有序且历史悠久。传统文化因素对于当下文化特色延续的影响，是一种根深蒂固的影响。人们的价值观、思维方式、道德伦理观念，以及在人们的生活方面非常直观地能感受到语言、饮食、服饰、仪式、信仰、居住方式等，更是特色文化呈现的主要内容，而且也是当下文化生态保护区传承发展和保护的重要内容。

（2）整体性保护原则。文化是人类改造客观世界的成果，分为物质、制度、精神三个层面。“文化生态保护（实验）区”不等于“非物质文化遗产保护区”，它至少还包括自然生态环境保护、物质文化遗产（文物）及其资源保护和其他人文精神财富保护等。在一定的环境条件下，“晋中”地域文化通过与周围环境相适应而形成独特的文化生态系统。这种文化具有地域性、传承性、创造性。晋中文化生态圈承载着中国传统的农耕生产文化以及特定的地域文化和民族文化。晋中文化生态圈的特定地域“文化内核”造就了特定的地域文化生态。文化生态本身即为一个完整的生态系统，与自然条件、技术、经济、历史等有密切的关系。文化多样性不仅体现在人类文化遗产通过丰富多彩的文化表现形式来表达、弘扬和传承，也体现在借助各种技术和方式进行艺术创造、生产、传播、销售和消费。非物质文化遗产，作为各族人民世代相传并视为其文化遗产组成部分的各种传统文化的表现形式，应当纳入文化大发展的总体战略中统筹规划、全面推进。

（3）坚持尊重群众文化主体地位的原则。通常来讲，“非遗”保护与传承首先要尊重社区、个人和团体的意愿及他们的文化权利[174]。“不能因为保护那些已经不在文化生活中发挥作用的文化因素而破坏社会进程”，“保护遗产的意愿应是：让传统文化的掌握者能够继续为竞争型生活方式的造就者们提供不同的行为方式和不同的‘成功’标准”[175]。“非遗”保护应当考虑在特定文化背景中产生新的发展模式，以此来满足当地的差异性需求。以承认“传统文化”价值、增进尊重与了解为前提，为了保持文化的多样性，决策需要更透明、更具包容性（但不应排除专家参与）。有时为了保持文化遗产的原真性和完整性，有必要舍弃招商引资模式的开发计划，有时候甚至要放弃某些基金的资助。一般而言，文化生态保护区文化生态保护的主体是晋中特定地域的“群众”主题，它包括传统古村落，各种“非遗”等。古村落是指某个历史时期形成的，具有一定历史意义、文化特色和艺术价值的古村。古村落是农业文明的重要标志，也是中国古老文化的最生态化的记忆，是一类特殊的人类聚居空间，有较丰富的非物质和物质文化遗产，有保存得较为完整的建筑格局。古村落是农村乡土文化的活文物，古村落的保护，不仅要保护其建筑，更重要的是保护其世代传承的非物质文化遗产。古村落的保护不仅是传统的静态化保护，更多的是需要“活态化”保护，而“旅游化生存”不失为一种较好的保护方式。尊重群众文化主体地位就在于尊重群众的文化“活态”传承，保证文化生态很好发展。

（4）坚持文化活态传承原则。晋中“非遗”保护工作按照“保护为主，抢救第一，合理利用，传承发展”的基本方针，将非物质文化遗产保护的社会效益放在首位，坚持文化生态保护的真实性、完整性，使具有较高历史、文化和科学价值的“非遗”项目得到有效保护和传承，使文化生态得到全面保护。晋中文化生态保护实验区紧紧围绕晋商文化、太行文化两大主题实施非物质文化遗产旅游产业链开发，重点抓好 10 个传统技艺精品展示区、10 个传统技艺演示传习区和一个传统技艺产品展销区建设，推动优势项目转换为优势文化产业，为非物质文化遗产保护、传承和发展创造良好的文化和生态环境。非物质文化形态的东西是“活”的，它是活着的历史。传统文化的精华借助于人的活体，通过人的活的语言，风俗习惯，思维方式，生活和生产活动等等体现出来。这是由世世代代炎黄子孙口传心授，熏陶习染的传承积淀下来的。通过非物质文化遗产活态化旅游利用，可以让非物质文化遗产的历史“活”在当代，“活”在眼前，是历史渗透在现实，是现实见证历史。让世界了解中国，让外国人了解中国人，通过非物质文化遗产活态保护，体味中国人的风俗习惯、民间文艺、生活方式等特征，从而有效传承中华文化。

（5）坚持文化与经济社会协调发展的原则。文化生态保护（实验）区非物质文化遗产的独特性和地域性决定了在保护过程中必须考虑特殊性。这种特殊性对制定具有地域特色的保护政策尤为必要。晋中文化生态保护实验区建设结合晋中实际状况，构建了完善的政策体系，从保护区发展长期规划的落实、保护过程的全面保障及保护区持续发展的有效激励等方面进行政策规划与制定。这种保护措施既是保护文化生态的根本措施，也是有效解决文化生态保护与经济社会协调发展的保障。它既解决了文化生态保护（实验）区建设过程中存在问题的对策，也是对其实现健康、可持续发展的有效回应。通过制定自然环境保护政策，确保国家级文化生态保护区辖区内的自然物象得到完好保护，不致于在开发、利用中遭到人为破坏和过度关注短期利益及经济利益；同时，制定传承人保护政策，确保其作为文化遗产主体主动参与文化生态保护区建设，保证各种民间表演、技艺、风俗得以完好传承和发扬，以最终确保长期发展规划得以全面落实。

（6）坚持保护优先、开发服从保护的原则。文化的实用效益往往是一两代人都难以看到的，保护文化遗产所产生的各种实效更是当代人难以看到的。在新型城镇化进程中重视“非遗”保护，是着眼于我们所面临的生活困局和每位社会个体的生活品质，作为草根民众文化创造力的结晶，“非遗”展现了地方独一无二的特色，在城市中保护和盘活“非遗”，就是要从人们每天切身体验的生活中塑造城市形象和文化认同。文化生态的保护是更高形态的经济，随着对文化的保护和利用，让当地百姓全方位受益：教育机会增加、妇女地位提高、脱贫致富有成效、社会风气净化、地方风情更有特色。树立保护优先的理念更能够实现保护与开发的合理互动，最终实现“活态化”旅游利用。

（7）坚持政府主导、民众参与的原则。强化政府的责任主体意识，加强协调工作，让更多的社会群体参与是晋中文化生态保护所坚持的一个原则。文化生态保护实验区要从文化的传统管理提升为现代治理，政府规划要体现科学性、操作性、时效性，实现多规合一、多学合一、多项合一，多产合一，既要防止抢救性保护不力，又要防止过度开发。文化生态保护区要科学合理地区分保护层次，明确保护区内资源管理主体尤为必要。根据保护区内遗产的认定等级，进行下放一级管理，也就是国家级遗产由省级文化部门牵头管理、省级遗产由地市级文化部门牵头管理、地市级遗产由县级文化部门牵头管理。这样可以实现遗产所在地利益主体对利益诉求的充分响应[176]。民众参与是文化生态保护区公共性得以实现的根本要素，直接决定着文化生态保护区建设的成败。民众既包括非物质文化遗产代表性传承人、传承人（群）、传习者等，也包括仅仅参与、体验、消费非物质文化遗产的普通社会居民。由于身份不同，他们参与文化生态保护区建设的方式也各有不同。晋中文化生态保护区通过非物质文化遗产深入景区，与景区联动，实现了真正的民众参与性。

5.3 晋中文化生态保护实验区建设成就

《晋中文化生态保护实验区总体规划（2012—2025）》从2012年批准实施以来，山西省文化厅和山西省“非遗”中心联合保护区内各市县相关部门，按照总体规划的要求分期实施，其中第一阶段（2012—2015年）的建设目标“初步建成保护区的管理体制和工作机制，初步完成保护区的资料建设工作，采取有效步骤让项目保护、传承人保护的工作步入正轨，为全面实现中长期的工作目标奠定基础”已经基本达到。

在建设理念上，晋中文化生态保护实验区积累了一定的建设经验，取得了一定效果，形成了文化生态保护理念共识。(1) 文化生态保护区建设离不开物质文化遗产作为载体；(2) 传统村落等文化空间离不开旅游和文化产业的参与推动；(3)“非遗”项目的有效传承离不开和现代教育相结合。

通过文化生态保护实验区建设，晋中文化生态保护实验区取得了很好的绩效。综合传习中心和传习场所在“非遗”传承中发挥的作用得到的评价基本上是积极的；保护区建立了非物质文化遗产的调查机制，基本摸清了当地非物质文化遗产的数量、种类以及分布情况；保护区针对“非遗”的整体性保护采取了一系列的举措，使保护区建设能够基本把“非遗”项目保护、文化遗产保护和生态环境保护整合成为一体。

晋中文化生态保护实验区保护理念创新。晋中文化生态保护实验区注重理论探索和工作理念创新，制定和实施了可操作性的政策法规；重视“非遗”的调查和档案记录工作，尤其是以核心区域和濒危项目为重点，开展抢救性记录保存工作；以综合传习中心建设为突破口，搭建非物质文化遗产保护、利用、展示的新平台；依托课题和研讨会等方式，积极与省内外高校、科研院所和社会组织合作，不断提升理论认识和工作实践水平；探索“非遗”资源和区域经济、教育、旅游等方面进行资源整合和整体发展的模式。

晋中文化生态保护区保护模式值得推广。保护区内各县市根据本地资源，结合“非遗”项目的特色，形成了较为成熟的“非遗”保护与传承模式，“非遗”宣传保护与旅游开发相结合、“非遗”传承与市场相结合、“非遗”培训、建立完善的制度规范等经验具有一定的可推广性，可供其他文化生态保护区参考学习[177]。

5.4 文化生态保护与旅游开发互动体系

建立晋中文化生态保护实验区就在于尝试和探索对“非遗”的依法保护、

生产性保护、整体性保护等多个层面的互动体系和机制。晋中文化生态保护实验区内旅游发展迅速，不仅乔家大院、王家大院、双林寺、晋祠、平遥古城等“物态化”文化遗产受到游客的热捧，山西老陈醋传统酿造技艺、平遥推光漆器技艺、龟龄集传统制作技艺等非物质文化遗产也受到游客的青睐。非物质文化遗产的受关注度要求我们关注“文化生态”，为非物质文化遗产传承搭建合适的社会生存环境。对于晋中文化生态保护实验区内的物质文化遗产和非物质文化遗产应该采取不同的措施来实现保护的目的。遗产赋存状况是有层次的，要按照“非物质文化遗产的赋存类型分层次开发”，对表演类文化遗产，诸如“音乐、舞蹈、戏曲等优先开发”；对生产性文化遗产重点开发；对制度性文化遗产，诸如“仪式、节事、习俗类控制开发”。把文化生态保护区设置为供旅游者观赏游玩的旅游规划区“前台”和远离旅游者的规划“后台”的不同功能区，从而有效保护文化生态原真性的传承，达到合理控制开发。对于物质文化遗产更多的则是挖掘其内含的“文化因子”，达到“活化”利用。基于以上分析，本书构建了文化生态保护实验区的文化生态保护与旅游开发的互动体系（见图5-1）。

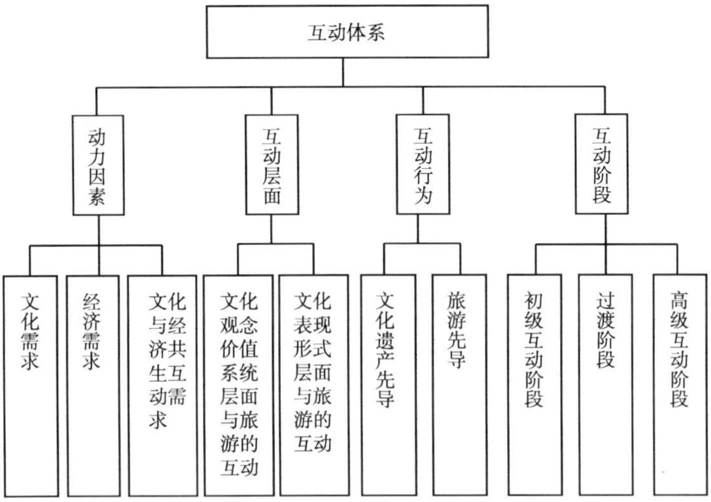

图5-1　文化生态保护与旅游开发的互动体系

5.4.1　动力因素

文化生态保护实验区是“为了传承文化，是文化发展的需要”，是由文化和影响文化产生、发展的各种变量共同构成的文化生态体系，并不是单独存在的。通过文化生态旅游开发，“促进旅游发展，这是经济发展的需要”[178]。“应该以适度的旅游开发获取的经济效益来完成对文化生态保护区的保护性旅游开发”，旅游开发不应该破坏地域特有的文化生态。文化生态保护与旅游开发的互动，“在一定程度上是文化与经济的互动”。概述其互动的因子，共计有 3 个方面的内容。

一是文化需求。随着体验经济的到来，旅游者开始追求更高层次的文化体验。“体验旅游时代，旅游开发的精髓就是创造和设计体验，以独特内涵和足够的体验吸引游客，促进旅游产业的持续发展”[179]，孙根年教授提出“‘动机—过程—目标’模式的高品质旅游体验，构成了现代旅游体验经营的核心理念”[180]。晋中文化生态保护实验区内的非物质文化遗产作为一个重要的文化事实，具有“人无我有”的绝佳价值，与它存活的文化空间有着千丝万缕的联系。旅游开发后会形成独具特色的文化旅游产品，满足游客的文化求知欲。对文化生态保护实验区的旅游开发，在一定程度上促进了文化生态保护区文化遗产的发展和传承。构成良好的互动体系。

二是经济需求。晋中文化生态保护实验区部分非物质文化遗产急需保护，但是保护资金缺口太大，有些文化遗产处于被“遗忘”的无保护状态，其生存状况堪忧；而旅游者对“文化旅游”产品的需求却越来越高。只有对旅游资源的“内涵”文化价值进行深度挖掘，打造“文化旅游”精品，才能真正做好文化旅游的换挡和提速。“对晋中文化生态保护区非物质文化遗产资源进行旅游开发，提升文化遗产旅游产品档次和品位”[17]，才能真正实现旅游经济效益提升。

三是文化与经济共生互动需求。经济和文化是共生互动的，文化是上层建筑，经济基础决定上层建筑文化，而文化又会反作用于经济基础。旅游的经济属性和文化属性，成为文化遗产保护和旅游开发互动的基础动力，“推动文化遗产保护和旅游开发的共同发展”[178]。

5.4.2 互动层面

建构晋中文化生态保护实验区文化生态保护与旅游开发的互动，需要通过文化的各个层面与旅游活动相互之间的互动构建来完成。

一是文化观念与旅游的互动。无论是旅游资源开发还是旅游产品设计乃至旅游业可持续发展，都是以文化作为基础和核心的。文化有广义和狭义之分，狭义文化主要就是指意识形态、价值观念等，这种观念贯穿于人们生活的始终，并随着时代的发展和变化而不断的发展和创新。外来旅游文化的“入侵”，“产生社区内外价值观念的碰撞和冲突”[181]。旅游造成了旅游者和目的地居民之间的文化互动和交流，若这种交流是呈现“平衡性”的，则会形成旅游目的地的非物质文化遗产的保护与旅游开发的良性互动；若这种交流是“不平衡性”的，则会对旅游目的地社会文化产生消极影响，形成“非良性互动”，导致地域非物质文化遗产等民俗文化的同化和庸俗化。

二是文化表现形式与旅游的互动。“文化因素是形成地域特性的关键因素，文化因素的组合形成地区的特性。”文化是旅游资源的重要组成部分，文化促进旅游的品味提升。没有文化的旅游是缺失灵魂的旅游，地域文化“形成了富有个性的地方文化景观，在旅游资源分布上表现为区域分异性规律”[182]。尤其是晋中文化生态保护实验区的非物质文化遗产，因为它的无形性，更需要通过载体才能体现其文化价值和内涵，如牛郎织女传说、晋祠水母娘娘传说、寿阳爱社、临县伞头秧歌等。旅游的介入，能够更多的推动文化活力的彰显，能够促进非物质文化遗产在新的历史时期，新的业态下的新的表现形式。

5.4.3 互动行为和互动阶段

旅游活动是不同地域、不同民族以及具有不同文化传统的人群之间相互接触为根本特征的活动。旅游目的地为了增强旅游吸引力和发展文化的多样性，会加强文化遗产的保护、开发和利用。文化遗产保护与旅游开发，二者之间存在互动关系。文化生态保护区的文化生态保护与旅游开发之间的互动行为有两种：一种是文化遗产先导，促进旅游业的发展；另一种是旅游先导，促进文化遗产的保护。

一是文化遗产先导。晋中文化生态保护区，文化遗产众多，不仅有蜚声中外的“物态化”的文化遗产，还有享誉盛名的非物质文化遗产，其价值非常独特，符合“人无我有”的旅游发展特性。这些地域文化特征显著的文化遗产成为晋中文化生态保护区文化遗产保护与旅游发展互动构建过程中的先导因子。在这样遗产“保有度”较丰富的地域，这些传统的非物质文化遗产与物质文化遗产可以与旅游成功、有效的对接，迅速带动区域旅游经济发展，打造晋中旅游新业态，开辟晋中旅游新特色，建设晋中旅游文化小镇。非物质文化遗产的有效介入，成为促进晋中旅游业快速发展的主推力。

二是旅游先导。对那些诸如“音乐、舞蹈、戏曲”等已经濒临灭绝，或者其传承的‘文化生态’环境已经不复存在的，但又非常具有地域特色的非物质文化遗产，旅游往往成为遗产保护与旅游互动中的非常重要的先导动力。也即这些区域的非物质文化遗产保护更多地需要通过旅游发展来驱动。通过发展旅游给上述地域的非物质文化遗产保护注入保护资金和活力，从而有效的盘活资源，使被破坏的历史遗存得到恢复和重建，传统文化和民族文化得以重生。

5.4.4 文化生态保护与旅游开发的互动机制

在互动体系的框架下，本书构建了文化生态保护与旅游开发的互动机制

（见图5－2），在文化生态保护与旅游开发的互动中，主要表现为文化遗产保护因子（保护意识、理念等）与旅游开发因子（旅游开发理念、原则等）的相互作用、相互促进的机制构建。

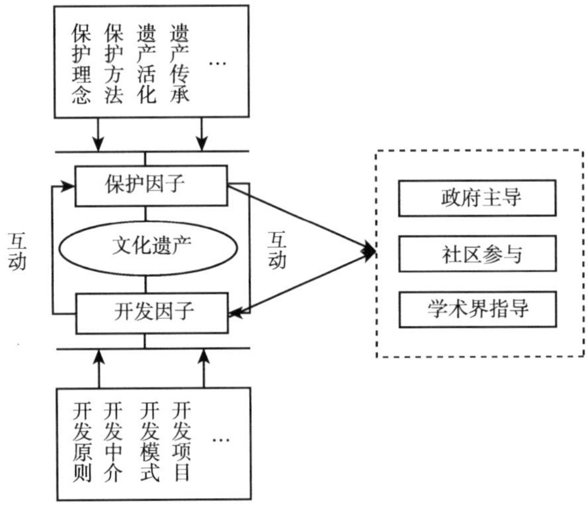

图5－2　文化生态保护与旅游开发的互动机制

一是保护因子。文化生态保护与旅游开发的互动机制中保护因子主要要求生态保护实验区对文化生态的保护理念、保护方法、遗产活化和遗产传承进行规定。山西省出台了《山西省非物质文化遗产保存工作规范和技术标准（实行本）》等规章制度来规范非物质文化遗产保护。

二是开发因子。晋中生态文化保护实验区文化生态保护与旅游开发的互动机制中核心开发因子主要强化文化遗产旅游开发的开发原则、开发中介、开发模式、开发项目等进行合理有效的规划。《晋中文化生态保护区总体规划》《关于建设晋中文化生态保护实验区的意见》等文件是关于晋中文化遗产旅游开发的总指导思想，详细阐述了开发原则、模式等。

三是外界干预。文化生态保护与旅游开发的互动机制中的保护因子和开发因子是二者良性互动系统的内部环境。但世间万物都是受内外因素双重作用影响的，内因决定外因，外因又反作用于内因。在进行晋中文化生态保护与旅游开发互动体系分析的时，务必关注“互动体系”之外的因子，即政府主导、社区参与、学术界指导三者之间的有效协整关系对于晋中文化生态保护与旅游开发互动的影响，从而真正构建一种能够促进晋中文化生态保护实验区文化生态保护与旅游开发的良性互动机制。

文化生态保护与旅游开发是文化生态保护区可持续发展的两大主题，也是文化生态保护区的两大中心工作，两者不可偏颇。本书以晋中文化生态保护实验区为例，尝试构建文化生态保护与旅游发展的互动体系和互动机制，以期促使保护区的文化生态保护工作推动了旅游活动的开展，而旅游发展也使保护区文化生态得到更有效的恢复与保护。

第 6 章

晋中文化生态保护实验区“非遗”价值及时空分布

一花独放不是春，百花齐放春满园。

——《增广贤文》

山西省于 2017 年出台了《山西省“十三五”文化改革发展规划》，该规划提出了“加强文物保护，完善文化遗产保护体制机制；提高非物质文化遗产保护传承水平，加大非物质文化遗产保护力度”，“推进国家级晋中文化生态保护实验区”建设，实施“乡村文化记忆工程”，推动文化旅游融合发展[183]等关键措施。以晋中文化生态保护实验区为代表的山西非物质文化遗产都是先人的伟大文化创造。这些文化遗产为山西省产业转型升级提供了可能，文化旅游业被提到全省国民经济发展的战略高度，打造富有特色和魅力的文化旅游强省势在必行。对非物质文化遗产的旅游化利用成为研究热点。探讨晋中文化生态保护实验区非物质文化遗产历史文化价值、旅游利用价值以及时空分布具有重要的理论意义和现实指导意义。

6.1　晋中文化生态保护实验区非物质文化遗产概况

晋中文化生态保护实验区非物质文化遗产十分丰富，广为民众熟知的有左权开花调，平遥推光漆器髹饰技艺，祁太秧歌，平遥鼓书、社火表演、秧歌舞，平遥牛肉和太谷饼的传统制作技艺、面食类制作手艺，晋中民间剪纸、炕围画、丧葬纸祭品制作，晋中民间玩具，晋中民间游戏、人生礼仪、民间故事等。概况来讲，晋中文化生态保护区非物质文化遗产共计有民间文学、传统音乐、传统舞蹈、传统戏剧，曲艺、传统体育、游艺与杂技、传统美术、传统技艺、传统医药、民俗十大类。自 2012 年始，中国“非遗”领域率先在传统技艺、美术、中医药炮制和饮食文化类“非遗”中探索实行生产性保护，并取得良好的社会影响和效益，被联合国教科文组织缔约国誉为“非遗”保护的中国经验。而晋中文化生态保护实验区的非物质文化遗产类型也首先主要集中在传统技艺、传统美术、传统中医药以及民俗等方面。因此，晋中文化生态保护实验区非物质文化遗产保护和“活态化”旅游利用的研究不仅仅是对于晋中文化生态保护实验区有着重要意义，更多在于“晋中模式”的推广。研究晋中文化生态保护实验区非物质文化遗产历史文化价值与旅游利用价值具有普世作用。

新中国成立以来，晋中文化生态保护实验区非物质文化遗产保护大致经历了三个阶段。第一阶段：新中国成立初期。当时文化生态保护实验区尚未成立，民间文化保护是被当作新中国政府的重点工作来做的。地方文艺工作者与政府相配合，对晋中地区的民间文学和民间艺术进行了普查性质的搜集和整理，搜集成果零散分布在当时的地方志及地方机构主办的内部刊物上。第二阶段：20 世纪 80 年代到 90 年代中期。民间文艺工作恢复后，全国重新开展了民间文化的搜集、研究和出版工作，晋中许多县市都编录了县市级的民间文学集成（如民间故事、民间歌谣、民间文学集成编委会编制的《晋中谚语集成》《晋中歌谣集成》《晋中民间故事集成》），具有重要的历史文化价值。最为突出的是乔家大院民俗博物馆成立。1986 年，祁县将乔家大院辟为祁县民俗博物馆，设立了岁时节令、衣食住行、婚丧礼仪、农商活动为主题的 42 个展室共 2000 余件展品，比较全面系统地反映了明清时期晋中地区的民间风俗，使晋中非物质文化遗产的物质形态得到了较为妥善的保护。第三阶段：20 世纪 90 年代末至今。随着晋中以传统民居为首的民俗旅游热的兴起，当地各级政府和民众都意识到了地方文化遗产对于当地旅游的重要作用，开始对其进行有意识的保护。1997 年，平遥古城被联合国列为世界文化遗产，以此为契机，更多的晋中非物质文化遗产日益受到重视和保护，相关保护行动开展得有声有色。2001 年至今，晋中市成功举办了九届晋商社火节，昔日受到冷落的晋中传统节庆表演节目——社火获得了较为充分的挖掘和保护。2002 年 10 月，晋中左权县民歌艺人石占明代表山西参加了在浙江仙居举行的中国首届南北民歌擂台赛，成为家喻户晓的“羊信歌王”，晋中原生态民歌受到广泛注意。2003 年，国家启动中国民族民间文化保护工程。在这一大背景下，2004 年 8 月 21 日，“第二届中国南北民歌擂台赛”在山西晋中左权县拉开了帷幕。晋中于 2004 年 9 月 26 日至 30 日在榆次老城承办了第六届中国民间艺术节。在节日期间，召开了全国首届“抢救、保护和开发民间文化遗产”县长论坛会议，榆次后沟村同时成为中国民间文化遗产抢救工程的出发地和农耕民俗文化示范调查点。2006 年 8 月 28 日，和顺县组织的中华爱情故事“牛郎织女”起源地研讨会及新闻发布会在太原举行，省社科院、省文化厅等单位的领导和专家学者参加了研讨会，各界对于“牛郎织女”故事源于和顺县境内南天池、牛郎峪村一带的认识趋于一致。在 2007 年第 2 个中国非物质文化遗产保护日期间，晋中市太谷县秧歌艺术团在北京民族宫大剧院举行的“中国非物质文化遗产稀有剧种展演—山西珍稀剧种专场展演”中进行演出。2008 年 6 月 19 日，晋中市非物质文化遗产保护成果巡展活动在平遥举行。展览详细介绍了 2008 年列入晋中市级非物质文化遗产保护名录的 50 个项目，使更多民众认识和了解了非物质文化遗产。2009 年 4 月 2 日，第二届“中国清明（寒食）文化节”在山西省介体市绵山风景区——寒食清明文化之乡召开。本次活动以清明节文化为圆心，扩展到中华传统节日文化圈对中华传统文化遗产的挖掘和保护问题进行了广泛的讨论。2013 年，第一届中国吕梁国家级晋中文化生态保护区非物质文化遗产传承展演展示暨文化产业博览会在孝义市华夏非物质文化博览园隆重开幕，吕梁市 13 个县市区的非物质文化遗产表现形态涵盖口头传说、民俗活动，民间传统表演艺术、手工技艺等多个种类，通过现场展演、图片展览、实物展示、产品展销、传承人现场制作等形式，形式多样，内容丰富。充分展示吕梁市近年来“非遗”的保护成果，对促进“非遗”传承保护经验的交流合作，探索非物质文化遗产的传承和发展具有深远意义。2010 年晋中文化生态保护实验区获批，“建立晋中文化生态保护实验区的意义在于，从非物质文化遗产的依法保护、整体性保护、生产性保护、抢救性记录保存等多个层面进行文化生态保护体制机制的探索和尝试”。至 2020 年底，传习中心总数达到 19 个，覆盖保护区内 2/3 的县区，非物质文化遗产保护获得前所未有的支持力度。

6.2 晋中文化生态保护实验区非物质文化遗产文化价值及旅游价值

晋中文化生态保护实验区是独具特色的“晋”文化生态保护区，这种特色具有较高的历史文化价值和旅游“活态化”利用价值。

6.2.1 晋中文化生态保护实验区非物质文化遗产的文化价值

晋中文化生态保护实验区非物质文化遗产具有特殊的地方史价值、文化教育价值。

（1）了解历史的文化价值。“非物质文化遗产以其民间的、口传的、质朴的、活态的存在形式，可以弥补官方历史之类正史典籍的不足、遗漏或讳饰，有助于人们更真实、更全面、更接近本原地去认识已逝的历史及文化”[184]。在此意义上非物质文化遗产可以当之无愧地被称为活态历史。如祁太秧歌、晋剧、手工技艺等，至今仍表现出广泛的群体性、表演性和社会实践性，与乡村的生产生活融于一体，与自然、经济、社会联系紧密。特别是一些至今保存完好的古村镇最具典型性，久远的历史街区、民居大院等物质文化遗产与乡土生活中丰富的活态非物质文化共同描绘出一幅幅生态和谐、富于韵味的美丽画卷，这些非物质文化遗产承载着丰富的历史，我们可以从中活态地认识历史。流传到当代的晋中非物质文化遗产，是地方民众心理和现实生活在历史进程中不断演化的记载，保留了其原真性与完整性。当研究晋中地方民众历史和思想时，晋中非物质文化遗产是最重要的活态资料。同时，非物质文化遗产中深深蕴藏着所属民族的文化基因、精神特质，这些在长期的生产劳动、生活实践中积淀而成的民族精神，是世代相传沉积下来的民族的思想精髓、文化理念，是包括了民族的价值观念、心理结构、气质情感等在内的群体意识、群体精神，是民族的灵魂、民族文化的本质和核心。晋中文化生态保护实验区非物质文化遗产中传统体育技艺类“非遗”比例大，共有体育非物质文化遗产31项，占到了总数的61%，其中健身类多达24项，这与晋中的经济和文化的发展是分不开的。明末清初，山西物产丰富，但地广人稀，煤炭、丝绸等物产随着山西商人流通到全国乃至全世界。这些山西商人尤以晋中地区为最，以致在后期形成了晋中地区独有的晋商文化。从这些“非遗”项目中，能够窥探晋商文化的踪影，了解晋商历史。

（2）传承文明，推动道德教育价值。非物质文化遗产中的许多内容都能深入浅出地向民众宣扬高尚的社会道德，使普通民众在娱乐中自然而然地受到教育。晋中文化生态保护实验区内影响较大的非物质文化遗产祁太秧歌、民间剪纸等都具有传承文明，道德教育价值功能。剪纸艺术是我国文化的重要载体，是中华文化和几千年来历史积淀的产物，是我国大地上以人为本，口传身授的活态传统文化剪纸是一种以民俗生活为基础而生存和发展的艺术形式，作为民俗文化的载体，它深刻地反映了人们丰富多彩的民俗生活，增添了无穷的生活乐趣。它为民俗研究、民间文学研究和历史、戏剧、美术的研究提供直观的实物证据，并为进一步传承和发展提供了可参考的形象资料。剪纸为我们开启了一个丰富多彩、博大深厚的文化基因库。“非物质文化遗产是中华民族优秀传统文化的重要体现，是我们民族的历史记忆和生命基因是当前和谐社会建设的重要文化资源和社会主义核心价值观的重要文化基础”，对于展现中华文化的魅力和生命力，实现中华民族的伟大复兴，具有重大的意义。在晋中地区流传的各种口传文学、秧歌、皮影等“非遗”，有着明显的弘扬核心价值观的作用。祁太秧歌用简单有趣的情节再现了现实生活中的社会问题，用幽默诙谐的表演教诲人们应当如何处理生活中遇到的矛盾和问题，对社会稳定有很好的作用。牛郎织女传说、大禹治水传说、孟母的故里等民间文学类“非遗”，寒食节等节庆类“非遗”都蕴含丰富的核心价值观内涵，能够借以开展实现研学活动。

6.2.2 晋中文化生态保护实验区非物质文化遗产的旅游价值

根据价值链理论，非物质文化遗产可以从设计、生产、销售、发送和辅助其产品几个方面来说，大致可以分为几个链条：（1）文化创意。对非物质文化遗产进行合理开发、理性创意、综合拓展。（2）文化产品。交互式生产、加工以及展示。（3）文化展示。销售过程中具有识别性的文化展示活动。（4）文化营销。将普通的发送过程作为旅游品牌再造的升级。（5）文化基因。这是非物质文化遗产最主要的部分，也是非物质文化遗产得以从产业文化化到文化产业化的主要步骤。

旅游开发可为非物质文化遗产创造有利的生存空间。旅游开发突破了传统自上而下保护的方法，充分发挥市场调节的作用，从经费、产权保护到技艺传承等方面都可以为非物质文化遗产创造有利的发展空间，延续非物质文化遗产的文化生命，实现非物质文化遗产的可持续发展。旅游开发有利于传播与弘扬非物质文化。旅游开发可以借助产业平台，在非物质文化遗产上做大文章，通过广告、电视、博览会等媒介宣传等扩大地方文化影响，在旅游旺季，可以确定不同的文化旅游的主题，如“晋中民间艺术游”等，达到传播与弘扬非物质文化遗产的目的。非物质文化遗产保护的一个更为有效的方式就是推动“非遗”与旅游融合，充分利用“非遗”的旅游价值，将“非遗”文化逐步引入旅游市场。如，平遥古城旅游景区，主街道两侧商铺引入了漆器、布鞋、剪纸、木版年画等诸多项目进行现场展示销售，平遥牛肉、平遥推光漆、平遥宝剑制作等项目建成了大型的博物馆（展览馆），规划完成平遥“非遗”手工技艺项目一日游，把“非遗”文化和旅游有机融合，形成了新的旅游景点，同时也为“非遗”的传播提供了更广阔的空间。

依据文旅部资源调查与评价标准，对晋中文化生态保护实验区重要非物质文化遗产赋值打分，发现晋中文化生态保护实验区非物质文化遗产资源禀赋较高（见表6－1），可以依托开展各种旅游活动，增强旅游体验。

表 6－1　　晋中文化生态保护实验区“非遗”资源禀赋

类型	亚类	主要非物质文化遗产旅游资源	评价得分
民间文学类	民间故事与传说	牛郎织女传说	65
		大禹治水传说	63
		孟母的故里	59
		壶瓶枣的传说	60
表演艺术类	民间音乐	左权民歌	73
		祁县八音会	70
		榆次锣鼓（拍三官）	70
	民间舞蹈	寿阳爱社	72
		祁县背铁棍（抬阁、挠阁）	65
		太谷绞活龙	65
	戏曲	太谷秧歌	72
		左权小花戏	70
	曲艺	平遥弦子书	62
	民间杂技与竞技	寿阳耍叉	60
		形意拳	58
传统技艺类	民间美术	寿阳剪纸	65
		泥塑佛像	61
		平遥传统玻璃画艺术	60
	传统手工技艺	“鱼羊包”烹饪技艺	63
		平遥推光漆器髹饰技艺	62
		三雕艺术	60
		四眼井醋制作工艺	60
		晋式家具制作工艺	61
节庆民俗类	节庆与社会、生活民俗	晋中社火节	65
		晋中八大碗	62
	民间信仰	寒食节	71
知识实践类	传统医药	定坤丹传统制作工艺	44
		平遥道虎壁王氏妇科	40

非物质文化遗产是重要的旅游资源，特别是可以复制并能够规模经营的非物质文化遗产旅游资源，因具备有用性、吸引性、可进入性等特征，可以在科

学的指导、规划和管理下，进行适度合理的旅游开发。

6.3 晋中文化生态保护实验区非物质文化遗产时空分布特征

非物质文化遗产（以下简称“非遗”）的存在和研究对维护国家文化身份、传承民族精神、促进社会稳定、提升文化软实力意义重大[185]。“非遗”旅游是文化产业与旅游产业融合的产物，大力发展“非遗”旅游，优化“非遗”旅游资源利用模式，可以扩大旅游供给、丰富旅游业态，促进旅游业发展空间与内涵的提升。

近年来，国外学者有关“非遗”及旅游利用研究倾向于“非遗”的民族文化认同感[186]、经济社会影响[187]、旅游开发[188]等领域。国内学者多数采用调查、经验等方法，集中于“非遗”特征与价值[189]等基础性研究及旅游开发利用、保护与传承等经营性研究[190-191]。2010 年后，加入空间视角，采用空间分析方法的研究成果逐渐呈现，研究内容主要有程乾等[192]基于全国尺度研究“非遗”的空间分布特征及影响因素，马冬雪等[193]对体育类“非遗”的研究，基于区域尺度有对西北民族地区的研究[194]，省域尺度的研究有山西省、广东省、广西壮族自治区、福建省[195-199]等。已有对“非遗”及旅游开发研究形成两种路径：一是在三种尺度下采用 ArcGIS 方法研究“非遗”的空间分布特征及“非遗”与经济、民族、文化、地形地貌、河流的关系；二是分析“非遗”旅游开发现状，提出开发对策和建议。这两种路径虽分别讨论了“非遗”的特征及利用问题，但均未解答“非遗”旅游资源利用应有所侧重还是遍地开花；哪些区域应发挥“非遗”旅游资源的规模优势，实现“非遗”旅游资源的专门化利用；“非遗”旅游资源空间布局的依据是什么等问题。这些问题的解决都需要借助 ArcGIS 空间分析法。

晋中文化生态保护实验区文化底蕴深厚，地域特色鲜明，“非遗”文化绚烂多彩。本研究搜集整理晋中文化生态保护实验区国家级和省级“非遗”项目，基于地理学、旅游学视角，采用 ArcGIS 空间分析法研究市域和县域尺度“非遗”旅游资源空间分布特征，评价晋中文化生态保护区“非遗”旅游资源的区域差异，挖掘“非遗”的文化价值和旅游利用价值，研究有利于晋中文化生态保护实验区“非遗”的保护与管理，有利于“非遗”资源的旅游产品化转化，并为个案地晋中文化生态保护实验区“非遗”旅游开发提供理论基础和空间决策依据。

本书讨论的“非遗”类型划分根据的是“非遗”《国务院关于公布第二批国家级非物质文化遗产名录和第一批国家级非物质文化遗产扩展项目名录的通知》文件中的相关规定。考虑到晋中文化生态保护区目前无国际级“非遗”项目、市级“非遗”数据不全、县级“非遗”尚无统一的评价标准等现状，本书只讨论国家级和省级“非遗”（包括正式名录和扩展名录）。数据来源于中国非物质文化遗产网、晋中文化生态研究中心、山西省文化厅以及各地级市人民政府政务门户网站公布的 4 批国家级“非遗”项目名录和 5 批省级“非遗”项目名录，时间截至 2021 年 12 月 31 日。

同一项目在不同级别重复出现的以高级别计算，为简化计算和方便比较市域“非遗”项目多少及得分值大小，本书参考孙根年的方法[200]，对不同等级的“非遗”采用加权求和模型计算，即得分值计算采用国家级“非遗”2 分，省级“非遗”1 分，数量上以省级“非遗”计算，1 项国家级“非遗”折算为 2 项省级“非遗”。

6.3.1　级别与类型结构分析

经拆分后得到晋中文化生态保护实验区国家级“非遗”45 项，省级“非遗”176 项，分别占总量的 20.36% 和 79.64%。种类覆盖“非遗”《国务院关于公布第二批国家级非物质文化遗产名录和第一批国家级非物质文化遗产扩展项目名录的通知》中的“非遗”10大类分类。其中，传统技艺类“非遗”最多，国家级13项，省级57项，得分占总量的31.20%；其次是传统医药类“非遗”，国家级5项，省级20项，得分占总量的11.28%；传统美术类“非遗”，国家级4项，省级18项，得分占总量的9.77%；传统戏剧类“非遗”，国家级7项，省级10项，得分占总量的9.02%；传统舞蹈类“非遗”数量也较多，国家级2项，省级17项，得分占总量的7.89%；传统音乐类、传统体育、游艺与杂技类“非遗”数量相差不大，国家级分别为3项、4项，13项、11项，得分占总量比重均为7.14%；民间文学类和曲艺类“非遗”数量最少，分别为16项、2项，二者比重之和为7.52%。总体来看，以传统技艺类和传统医药类为主，其次为传统美术类和传统戏剧类，民间文学类和曲艺类比较稀缺（见图6－1）。

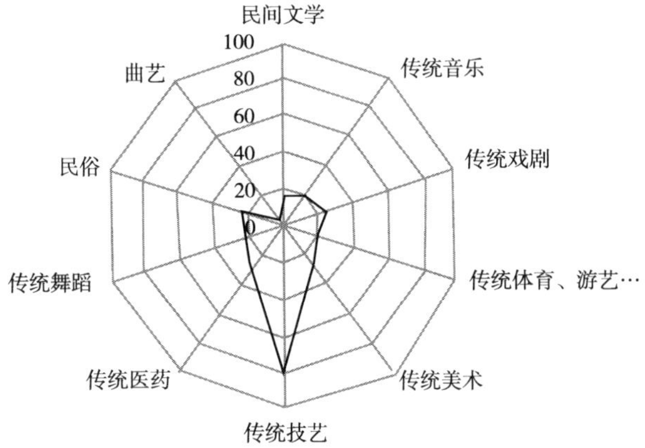

图6－1　晋中文化生态保护区“非遗”旅游资源类型结构

6.3.2　数量与密度特征分析

2010年6月，晋中文化生态保护实验区经文化部批准设立。其区域范围涵盖晋中市所辖11个县市，太原市所辖小店、晋源、清徐、阳曲4区县，吕梁市所辖交城、文水、汾阳、孝义4县市共19个县级行政区域。

“非遗”旅游资源在市域的数量分布不均，位于项目平均数以上的有小店区、晋源区、太谷县、平遥县、榆次区、清徐县、孝义市，分别拥有 32 项、30 项、24 项、23 项、19 项、18 项、16 项“非遗”；不同市域“非遗”旅游资源密度分布也存在差异，位于密度平均值以上的有小店区、晋源区、清徐县、太谷县，密度分别为 1084.746 项/万 km^2、1045.296 项/万 km^2、295.324 项/万 km^2、232.1981 项/万 km^2。“非遗”数量和密度分布不均衡与原生地的经济和社会文化发展程度有关，也与保护资金的投入、保护力度的大小和保护政策取向有关。

6.3.3　晋中文化生态保护实验区非物质文化遗产时空分布特征

为更精确研究晋中文化生态保护实验区“非遗”的地域性，结合行政区划和“非遗”的原生地，将联合申报的项目进行拆分，得到四批国家级“非遗”和五批省级“非遗”共 221 项。根据 Google Earth 获取“非遗”申报单位所在县级单元行政中心的地理坐标数据，采用国家基础地理信息系统数据库中 1∶400 万的晋中文化生态保护区省矢量地图为底图，通过 ArcGIS10.0 对“非遗”申报单位进行地理空间匹配，建立“非遗”数据库。

一是 ArcGIS 空间分析法，即最近邻点分析。以前述建立的“非遗”数据库为数据来源，利用 ArcGIS10.0 空间统计模块中的最邻近距离法衡量“非遗”所在地斑块质心与其最近邻斑块质心之间的距离，计算出这些最近邻距离的平均值（即 da），将其与预期随机分布中的平均距离进行比较来判断“非遗”所在地的分布态势，进而判断山西省晋中文化生态保护区“非遗”的空间结构是否均衡。平均距离 d_e 公式为[201]：

$$d_e = 1/2\sqrt{n/A} \tag{6-1}$$

式（6－1）中，n 是点数，A 是研究区域的面积。最邻近点指数 R 等于实际最邻近距离比理论最邻近距离，即 $R = da/de$。$R = 1$，点状要素随机分布；$R > 1$，点状要素趋于均匀分布；$R < 1$，点状要素凝聚分布。

二是区位商。区位商量化反映“非遗”旅游资源的空间分布特征、不同类型“非遗”的集中程度，在反映市域“非遗”旅游资源在更高层次区域中的地位和作用方面意义重大。公式如下：

$$Qi_j = (Gi_j/G_j)/(G_i/G) \quad (6-2)$$

式（6－2）中，i 表示“非遗”旅游资源类型，Qi_j为 j 地区 i 类“非遗”旅游资源的区位商，Gi_j为 j 地区 i 类“非遗”旅游资源的得分值，Gj 为 j 地区所有“非遗”旅游资源的总得分值，Gi 为全省 i 类“非遗”旅游资源总得分值，G 为全省所有“非遗”旅游资源总得分值。

三是资源优势度分析法。上述 ArcGIS 空间分析法和区位商从数量或从类型角度分析“非遗”旅游资源的空间分布特征，系统评价还需要进一步将数量和类型结合起来探究“非遗”旅游资源的分布特征。本书借鉴孙根年等[202]、保继刚[203]研究旅游资源的方法，采用丰度和优势度计算“非遗”旅游资源的数量、类型和品质，反映“非遗”的丰裕程度。“非遗”旅游资源优势度由“非遗”旅游资源类型丰度和“非遗”旅游资源品位度构成。“非遗”旅游资源类型较齐全的地区相对类型少而数量多的地区吸引力更强，“非遗”旅游资源级别较高区域比级别较低区域吸引力更强。由于“非遗”项目在每个县域不具有普遍性，优势度的计算采用市级中观尺度。

丰度计算公式如下：

$$R_i = M_i/\sum_i M_i(i = 1,2,\cdots,n) \quad (6-3)$$

式（6－3）中，Ri 为 i 市域的“非遗”旅游资源丰度值，Mi 为 i 市域“非遗”旅游资源类型数。“非遗”旅游资源类型多、组合丰富的市域“非遗”丰度值相对较大。

“非遗”旅游资源品位度测度“非遗”旅游资源质量水平，品位的高低直接影响到旅游者的喜爱程度，用市域国家级、省级“非遗”项目数来计算，体现市域“非遗”旅游资源的数量和质量优势。计算公式为：

$$Q_i = P_i/\sum_i P_i(i = 1,2,\cdots,n) \quad (6-4)$$

式（6－4）中，Q_i为 i 市域的“非遗”旅游资源品位度值，P_i为 i 市域“非遗”旅游资源数量。

综合考虑“非遗”旅游资源的丰度和品位度来反映“非遗”旅游资源的优势度（A_i），评价模型为：

$$A_i = R_i \times Q_i \times 100\% \ (i = 1, 2, \cdots, n) \tag{6-5}$$

6.3.4　结果与分析

6.3.4.1　空间分布特征分析

最近邻点分析。选择县区级微观尺度，根据式（6－1），利用 ArcGIS10.0 空间统计模块中的最邻近距离法进行运算，得出实际最邻近距离$d_a = 9914.00$，理论最邻近距离$d_e = 13178.585736$，$R = 0.752281 < 1$，$P < 0.01$，$Z < -2.58$，说明由随机引起集聚模式的概率小于 1%，通过 Z 检验，可见晋中文化生态保护区“非遗”呈集聚分布状态。

区位商分析。由于每类“非遗”在县级尺度不具有遍在性，选择县为微观研究尺度，不具有“非遗”项目的县域，该类“非遗”得分记为 0，根据式（6－2），计算得出晋中文化生态保护，19 个县域的“非遗”旅游资源区位商（见表 6－2）。

表 6－2　晋中文化生态保护实验区非物质文化遗产旅游资源区位商

	民间文学	传统音乐	传统戏剧	传统体育、游艺杂技	传统美术	传统技艺	传统医药	传统舞蹈	民俗	曲艺
小店区	1.58	1.66	0.33	0.00	0.66	1.35	1.13	0.72	0.34	5.27
晋源区	0.56	0.89	1.05	1.78	0.35	1.22	0.90	0.38	1.47	0.00
清徐县	0.94	0.74	0.59	0.00	2.93	0.74	0.00	1.92	1.83	0.00
阳曲县	16.87	0.00	0.00	0.00	0.00	0.00	0.00	0.00	0.00	0.00
交城县	1.69	0.00	0.00	0.00	1.05	2.33	0.00	0.00	1.10	0.00

续表

	民间文学	传统音乐	传统戏剧	传统体育、游艺杂技	传统美术	传统技艺	传统医药	传统舞蹈	民俗	曲艺
文水县	0.00	11.41	0.00	1.90	0.00	0.00	0.00	0.00	0.00	0.00
汾阳市	1.53	1.21	0.96	0.00	0.00	1.51	0.82	2.09	0.00	0.00
孝义市	1.05	0.00	3.95	0.83	1.32	0.62	0.00	0.00	2.06	0.00
榆次区	0.00	0.00	1.66	1.40	0.00	1.23	0.95	0.61	2.32	0.00
太谷县	0.70	0.55	0.88	2.22	0.88	0.42	3.76	0.48	0.00	0.00
祁县	0.00	1.11	2.64	3.33	0.00	0.83	0.00	0.96	0.92	0.00
平遥县	0.00	0.00	0.00	0.00	2.29	1.45	1.96	0.00	0.96	3.67
榆社县	1.87	0.00	2.34	0.00	2.34	0.37	1.00	1.28	1.22	0.00
左权县	0.00	3.33	0.00	0.00	1.32	0.42	0.00	4.31	1.38	0.00
和顺县	4.82	0.00	3.01	0.00	1.51	0.48	0.00	1.64	0.00	0.00
昔阳县	0.00	0.00	0.00	0.00	0.00	0.00	0.00	11.50	0.00	0.00
寿阳县	1.87	1.48	0.00	1.48	1.17	0.74	0.00	3.83	0.00	0.00
灵石县	0.00	0.00	0.00	4.44	1.76	0.55	1.51	1.92	0.00	0.00
介休市	1.87	0.00	0.00	1.48	0.00	1.48	1.00	0.00	2.44	0.00

表6-2显示，各类“非遗”的区位商在县域之间的差异比较明显，“非遗”项目各具特色。民间文学、传统音乐、传统舞蹈、曲艺类“非遗”的区位商差异最为显著，最大值分别为16.87、11.41、11.50、5.27，最小值为0，集聚态势十分突出，这四类“非遗”分别高度集中在阳曲县、文水县、昔阳县、小店区，以高村鼓坊、文水鈲子、文水马西铙、武皇群锣、昔阳迓鼓、昔阳拉话为代表；其次为传统体育、游艺与杂技类“非遗”，高度集中在灵石县，最大值和最小值分别为4.44和0，拳术类型多样，傅山拳、战功拳等知名度较高；传统戏剧、医药高度集中在孝义市、太谷县，最大值分别为3.95和3.76，最小值为0，以孝义平影戏、孝义碗碗腔、孝义木偶戏、汾孝秧歌、龟龄集药酒传统制作技艺、定坤丹制作技艺、安宫牛黄丸制作技艺等知名度较高；传统美术、传统技艺、民俗类“非遗”的区位商差异较小，最大值分别

为2.93、2.33、2.44，最小值为0，主要集中在清徐县、交城县、介休市，以清徐彩门楼、山西民居砖雕、滩羊皮鞣制工艺、寒食节为代表。

6.3.4.2　优势度分析

根据式（6-3）、式（6-4）、式（6-5），结合丰度和品位度计算"非遗"旅游资源优势度，反映各县域"非遗"旅游资源的数量、类型和质量。

表6-3显示，太原市所辖范围内的小店区、晋源区处于领先地位，属于"非遗"旅游资源密集区；太原市所辖的清徐县、晋中市所辖的太谷县、榆次区、平遥县属于"非遗"旅游资源次密集区；吕梁市所辖的汾阳市、孝义市、晋中市所辖的祁县、榆社县、寿阳县属于"非遗"旅游资源较为稀疏区；太原市所辖的阳曲县、吕梁市所辖的交城县、文水县、晋中市所辖的左权县、和顺县、昔阳县、灵石县、介休市等8个县域属于"非遗"旅游资源稀疏区。

表6-3　晋中文化生态保护实验区非物质文化遗产旅游资源优势度分布

县域	小店区	晋源区	清徐县	阳曲县	交城县	文水县	汾阳市	孝义市	榆次区	太谷县
丰度值	0.9	0.9	0.7	0.1	0.4	0.2	0.6	0.6	0.6	0.8
品位度值	0.13	0.12	0.07	0.00	0.04	0.03	0.04	0.06	0.08	0.09
优势度	11.38	10.67	4.98	0.04	1.58	0.55	2.61	3.79	4.51	7.59
丰度值	0.6	0.5	0.7	0.5	0.5	0.1	0.6	0.5	0.5	
品位度值	0.05	0.09	0.04	0.03	0.03	0.01	0.04	0.02	0.04	
优势度	2.85	4.55	2.49	1.58	1.38	0.08	2.13	1.19	1.78	

以上分析可知，晋中文化生态保护实验区内19个市、县国家级、省级非物质文化遗产的名录分布存在明显的分布不均情况，向中心城市集聚性明显，越是接近省会或者中心城市的县、市，各级非物质文化遗产数量越多，如太原市的小店区、清徐县；晋中市的榆次区、平遥县、太谷县，从而在晋中文化生态保护区形成了组团分布的非物质文化遗产。小店、清徐组团，平遥县、太谷县组团，汾阳市、孝义市组团。这些区域所申报成功的项目多，无论是项目的总数还是国家级项目的比例，均明显超过了边缘地区，这体现了一个地方的经济实力及对文化的重视程度，社会主义先进文化的建设虽然已经被提高到保护民族特征的认识高度，但不可否认的是，相对于一个县市工作的整体布局，文

化显然是弱项，单从各地文化管理部门的办公环境和条件，工作人员的工作态度和精神面貌，还有对文化岗位的热衷程度来看，基层文化工作人员的地位可见一斑。区域内的非物质文化遗产遗项目有着本区域的鲜明特征，也正是基于此特征才将其区域化，组团化。

上述非物质文化遗产集聚区，可以充分利用非物质文化遗产优势，将非物质文化遗产和旅游“活态化”利用对接，打造当地的旅游业态，满足人们多样化的休闲旅游诉求。

第 7 章

晋中文化生态保护实验区非物质文化遗产旅游开发策略

科学绝不是一种自私自利的享乐。有幸能够致力于科学研究的人，首先应该拿自己的学识为人类服务。

——［德］马克思

从晋中文化生态保护实验区来看，区域内村镇密集、人口稠密，保留下大量古朴厚重、极富历史底蕴和文化内涵的古村镇。这些古村镇蕴含了大量的非物质文化遗产和与其相关的物质文化遗产、自然遗产等，它们一起体现出了当地文化形态的突出特质。这些特质也成为当地旅游发展的内核动力。纵观“非遗”在中国诞生、发展与成熟的过程，“非遗”并没有简单复制搬用物质遗产的保护模式，而是始终秉持习近平总书记倡导的赓续传统修复生态的文化发展战略，以《关于实施优秀传统文化传承发展工程的指导意见》为契机，以遗产项目和传承人为抓手，依托传承体系，有条不紊地层层推进。以《中华人民共和国非物质文化遗产法》颁布实施为标志，中国“非遗”已构建起完善的制度体系、管理体系和传承体系，探索并形成了“非遗”保护的中国经验。如何充分挖掘和有效利用地域非物质文化遗产成为晋中文化生态保护实验区文化生态旅游发展的关键。

7.1　非物质文化遗产开发理念、原则

非物质文化遗产是具有民族历史积淀和广泛、突出代表性的民间文化遗产，它曾被誉为历史文化的“活化石”“民族记忆的背影”。非物质文化遗产不能脱离民族特殊的生活生产方式，是民族个性、民族审美习惯的“活”的显现，是“活”的文化及其传统中最脆弱的部分。因此，要妥善处理好非物质文化遗产保护和开发的关系，对于非物质文化遗产传承的过程来说，传承人就显得尤为重要。非物质文化遗产是确定文化特性、激发创造力和保护文化多样性的重要因素。随着时空的变化，非物质文化遗产也需要结合时代发展不断创新，要与时代同步、适应现代社会的需要，这样才能具有更强的生命力和感染力。

7.1.1 非物质文化遗产旅游产品的开发理念

20 世纪 70 年代美国未来学家托夫勒在《未来的冲击》一书中指出，人类经济发展分为产品经济时代、服务经济时代和体验经济时代三个阶段。当今时代，我们的旅游形态正日益进入体验旅游时代，旅游消费者从注重旅游产品本身将转移到注重体验时的感受。旅游体验是指人们通过感觉器官、触觉器官与思维活动，对所处旅游环境与过程经历的体会与感验[204]。

“非遗”旅游产品是以“非遗”作为吸引物，围绕其“非遗”的体验、欣赏、传承、创新等内容的多种类型旅游活动的集合，并配套以相关的旅游服务设施。简言之，就是为旅游者提供的全部有形产品和无形服务。因此，体验时代旅游开发的精髓就是创造和设计体验，以独特内涵和足够的体验吸引游客，促进旅游产业的持续发展。依据体验层次结构，寻找游客体验的甜蜜地带，增强体验价值，突破点，进行体验设计。可以从游客需求的多个层面，进行体验设计，提供纪念品，加强感官刺激等，优化旅游产品，在景区所营造的“沉浸式”环境中品味旅游景物和项目的内涵，沉迷其中获得真实体验[205]。非物质文化遗产作为特定的旅游文化产品，其发展的关键环节在于基于感知理论揭示游客感知文化传承真实性保持的内在动因，并把这种真实延续。

7.1.2 非物质文化遗产旅游产品的开发原则

非物质文化遗产是“活态”文化中脆弱的部分，需要更好的保护。因此在开发过程中，必须坚持贯彻“保护为主、抢救第一、合理利用、传承发展”的方针。具体来讲，在非物质文化遗产在开发过程中要秉持如下开发原则。

7.1.2.1 可持续发展原则

既满足当代人的需求，又不对后代人满足其需求的能力构成危害的发展称为可持续发展。它要求人与自然和谐相处，是合理的“生态场”，是针对人口、资源、环境与发展问题领域的有效互动及合理发展。旅游可持续发展是指不破坏当地自然环境，不损坏现有和潜在的旅游资源，及合理利用旅游资源，在环境、社会、经济三效合一的基础上持续发展的旅游经济开发行为。对于非物质文化遗产旅游更需要可持续发展理念，进行“活态化”利用，适度利用，这样才能保证这种非物质文化遗产资源存续的永久性，才能更好保护。

7.1.2.2 文化生态保护原则

几乎所有的非物质文化遗产形态均可以在村落空间里看到完整的表现形式，并与村落生产、生活融于一体，具有较强乡土文化特色。遵循文化生态保护原则要求非物质文化遗产的保护开发要依托文化母体，注重文化生态整体环境。如果没有原定的文化氛围，民族性、地方性的特色文化将不存在。以村落作为文化生态保护的实践单位，就能成为我们探索非物质文化遗产文化生态“整体性保护”的突破口，能够直观反映出不同地域文化生态环境的整体特点。在保护传统文化生态的具体实践中，注重传承和保护与非物质文化遗产相伴共生的其他文化形式。

7.1.2.3 分类开发保护原则

山西省在国家公布的五批国家级、省级非物质文化遗产名录中共有十大类。在旅游开发过程中如何合理利用非物质文化遗产资源，应采取从实际出发，分类指导，区别对待的政策。各类非物质文化遗产保护开发的侧重点和方法不同。必须将有价值的原始状态、不可再生、不能复制的非物质文化遗产，与可以复制并能够规模经营的非物质文化准确区分开来。对于前者要严格保护，确保其历史文化价值的完整和生存环境的优化；而对于后者，则可以在正确指导和科学规划与管理下，进行适度开发与利用。对具有珍贵价值、必须全方位保护的非物质文化遗产，应与旅游场所及其活动严格区分开来。而对于可供旅游开发利用的非物质文化，则要在尊重其历史价值和文化规律的前提下，恰当地开发利用，另外还要根据每项非物质文化遗产的存在状态来确定重点对其开发的深度和力度。

7.1.2.4 “活态化”利用原则

“非遗”作为一种文化形态，来源于民间，更要回到民间。“非遗”需要“活态化”的保护利用，而不是“静态化”的展示。让“非遗”走进生活，让大众了解“非遗”，一直是所有“非遗”传承人和文化部门的着力方向。通过“非遗”文创产品展，依托文创企业、文博单位、设计机构，展出一批具有实用性和市场前景的文化创意产品，也将较为全面地展示山西“非遗”融入群众生活、消费、娱乐和文化创意产业的成果。“非遗”绝不是博物馆里的陈列品，它可以是我们听得见、看得着、带得走、用得上、欣赏得了、享受得了的生活日用品。非物质文化遗产最终是以物质的形式加以体现，非物质文化遗产仍体现在文学艺术、民间工艺、建筑装饰、食品服饰、曲艺体育等多种形式上来，因此传承和发展“非遗”项目，必将带动这些文化产业的形成和发展。

总之，“活态化”地保护存续至今的中华文化非物质形态和物质形态，不仅要注重自然环境与文化景观的关联性，而且要注重物质文化遗产与非物质文化遗产的关联性。要正确处理文化生态保护及其非物质文化遗产传承与发展经济、发展旅游和文化创新相互协调、共同发展的原则。非物质文化遗产大多是民众“感于哀乐，缘事而发”的结果，只有将非物质文化遗产的保护与民众生产生活的现实环境和特殊习俗联系起来，保护工作才有广泛的群众基础，即非物质文化遗产只有在特定的文化生态中方能更好地传承与保护。民众是创造、传承和享用非物质文化遗产的主体，也是非物质文化遗产文化生态恢复和重建的关键，如何充分利用民众的创新性和创造性，正是“活态化”利用的关键。“非遗”保护也要与时俱进，而不仅仅是静态保护。只有充分发挥民众的主体意识和主体功能，良性的非物质文化遗产文化生态才能建立起来[206]。

7.1.2.5　以人为本原则

人是文化的创造者和拥有者，对于非物质文化遗产来说，人类自身又是最为基本的载体和传承者，因此始终坚持以人为本的原则是最根本的和最重要的。目前我国的文化遗产保护工作中存在着重物轻人的问题，缺失对非物质文化遗产传承人的保护，而非物质文化遗产传承人的保护对于非物质文化遗产保护来讲，具有至关重要的影响作用。非物质文化遗产传承人的迅速消失是目前非物质文化遗产保护面临的最尴尬的难题。很多精湛的传统技艺没有留下传承者，这是非常遗憾的事情。所以，保护非物质文化遗产必须坚持以人为本的原则，让民众用自己熟悉的方式和喜爱的文化内容来满足内心的需求，提高当地民众参与活动的积极性和主体意识，激发文化的活力。联合国教科文组织在《保护非物质文化遗产公约》第十五条中明确规定：“缔约国在开展保护非物质文化遗产活动时，应努力确保创造、延续和传承这种遗产的社区、群体，有时是个人的最大限度的参与，并吸收他们积极地参与有关的管理。”

7.2　晋中文化生态保护实验区非物质文化遗产的旅游利用模式

晋中文化生态保护实验区非物质文化遗产，以其特有的符号、象征、神话、传说、典礼仪式和信仰等，构成了晋中文化生态保护实验区传统文化的核心要素，符合了晋中文化生态保护实验区精神的思想内涵和外延。文化生态保护实验区建设与某一行政区域内开展的非物质文化遗产保护工作应当是有区别的。不同之处在于保护区建设要对特定文化形态有一个整体性的认知和把握。但在实际工作中，往往局限于对非物质文化遗产名录项目的保护，只从名录项目某一类别的角度开展保护，而对保护区内非物质文化遗产项目之间的关联性，非物质文化遗产和物质文化遗产之间的关联性，非物质文化遗产、物质文化遗产与自然遗产之间的关联性研究得不够；对文化遗产与当地文化形态的关联性、对环境变迁而引起非物质文化遗产生存状况的变化、对特定文化形态的当代发展研究得不够。对非物质文化遗产的保护性开发要根据旅游业的利用情况对非物质文化遗产进行分类。从国内外非物质文化遗产的开发利用现状可以说明，旅游开发是保护非物质文化遗产的一种有效手段，有利于传统文化的传播。晋中文化生态保护实验区内具有特色非物质文化遗产主要是民间文学、传统音乐、传统舞蹈、传统戏剧、曲艺传统体育、游艺与杂技展示、传统美术、传统技艺、传统医药、民俗 10 大类。晋中文化生态保护实验区内的非物质文化遗产适宜转化为旅游吸引物、为旅游业所利用。在旅游利用过程中，能够把当地具有特色的文化遗产开发成能够吸引游客的人文景观。

根据非物质文化遗产的存在现状，可以将开发非物质遗产的方式分为静态开发模式与动态开发模式。其中静态开发主要是博物馆模式和文化生态保护实验区模式，而动态开发主要是文化旅游小镇及节庆模式等。

7.2.1 博物馆模式

晋中博物馆以“岁月风采”为主题，通过梳理晋中历史文献、出土文物、地方民俗风情，以历史发展为脉络为主线。博物馆主要收集有反映晋中历史上各时代、各民族社会制度、社会生产、社会生活的代表性实物；晋中历史上各时代重要的文献资料以及具有历史、艺术、科学价值的手稿和古旧图书资料等；反映晋中历史上各时代的工艺美术品；反映晋中境内百姓在仕、农、工、商、衣、食、住、行、婚、丧、喜、庆等方面的民俗文物；反映历代晋中及与晋中有关的知名人士的代表性实物；反映晋中市非物质文化遗产相关的艺术品、服装、道具、对联、脸谱、工具、文字、图片、影音等。晋中博物馆作为一种搜集、保管、研究、陈列有关历史、文化、艺术、科技等方面的机构，不仅是展览一个国家和民族文明的重要窗口，而且是晋中文化生态的集大成者。晋中博物馆的陈展设计思路可以概况为“4165”，即 4 个定位，1 条主线，6 大亮点，5 项辅助：4 个定位指理念定位、文化定位、作用定位、主题定位，力求通过陈列的语言把晋中市博物馆打造成“晋中历史的教科书，晋中风采的大屏幕”，“专家的研究室，群众的大教室”；1 条主线，通过梳理晋中历史文献、出土文物、地方民俗风情，以历史时间为线串联起晋中历史的重点和亮点；6 大亮点指“一村（晋中史前第一村）”“一珍（晋中商周第一珍）”“一境（佛教艺术第一境）”“一街（天下晋商第一街）”“一路（万里茶海第一路）”“一彩（革命风采第一画）”通过 6 大亮点支撑晋中市博物馆在山西乃至全国陈列体系中的地位；5 项辅助即主题序厅、青少年历史学堂、文化交流展厅、休闲水院、茶吧，通过辅助设计满足晋中市博物馆的公共服务、休闲教育功能。

7.2.2　文化生态保护（实验）区模式

文化生态保护（实验）区模式是指对传统文化生态保持较完整并具有特殊价值的村落或特定区域，进行动态整体性方式的保护。这种开发也可以称为传统古村落整体保护性开发模式，特指从传统古村落特定文化形态的全局角度认真研究生态环境，分析非物质文化遗产及与其相关的物质文化遗产的分布、特色与作用，将人、文化遗产、自然环境和社会环境视为一个整体，进行系统的整体性保护；并将保护区的空间划分为核心保护区、重点保护区、控制区、辐射区等，分别采取不同的更有针对性的整体保护措施。特别是要选择那些文化遗产丰富且价值突出、生态环境保持良好的部分街区、乡镇、村落作为核心重点保护区域进行综合性整体保护。通过对传统民居、建筑、历史文化街区的保护，通过手工技艺的生产性保护与传统生计的利用，通过民间习俗和传统节庆活动，促进重点区域并带动整个保护区的生态、文化、社会、政治、经济全面协调可持续发展，真正达到利用“活态化”旅游的目的。

7.2.3 文化旅游小镇模式

小城镇建设是社会主义新农村建设的具体实践，因其能够将资源利用更新与社会经济发展有机结合，实现良性互动，因此被广泛重视。国家发展改革委、财政部以及住建部基本实现了“到2020年，在全国培育和改造大约1000个富有活力的特色小镇”，从而引领带动全国小城镇建设。就山西尤其是晋中文化生态保护实验区而言，随着城镇化和工业化的推进，经济亟待转型发展，经济结构急需调整优化，山西省将大力发展文化、旅游、会展纳入其“十四五”规划中，并明确提出将把文化旅游业培育成为全省的战略支柱产业。因此，文化旅游特色小镇更是成为了加快推进新型城镇化的重要抓手，同时也是吸纳农村剩余劳动力、带动山西旅游资源开发和文化遗产保护的重要载体。

文化属于小城镇建设的软实力部分，是小城镇精神灵魂所在，为推动区域特色化发展起到不可替代的作用。文化旅游特色小镇的开发与发展不仅要依靠得天独厚的自然资源和产业基础，更要紧紧依托文化资源，尤其是地方文化资源。对于地方文化资源而言，除了重要的物质性文化遗产（如民居建筑）之外，特色化的生活习俗和民间技艺等非物质文化遗产也是构成当地与众不同魅力的重要元素。对非物质文化遗产进行有效保护并融入旅游特色小镇开发与利用之中，是一个具有重要实践意义的课题和一种有效的非物质文化遗产活化利用模式。

7.2.4 节庆展演模式

对于表演艺术类、传统技艺类、仪式习俗类的非物质文化遗产，要开发其内在的特定文化价值，必须借助一些活动项目或通过舞台展示，来实现与提升人类口述和非物质性遗产旅游价值。晋中文化生态保护实验区蕴含特有的文化，尤其是一些表演艺术类、技艺类文化，通过节庆展演模式能够更好活化传统非物质文化遗产。

晋中文化生态保护实验区的一些县市举办的节庆展演活动，极大地推动了境内非物质文化遗产活化利用。和顺县为了全面弘扬和传承七夕传统节日文化，唱响“中国和顺牛郎织女文化之乡”品牌，进一步做好晋中文化生态保护实验区传承、保护、转化和发展工作，促进地域文化旅游产业快速发展，同时展示山西省非物质文化遗产保护的成果，举办了的“我们的节日·相约七夕·邂逅和顺——国家级晋中文化生态保护实验区传统工艺民俗文化展演系列活动”。该活动以“相约七夕·邂逅和顺”为主题，以陶冶人民群众高尚情操为主线，突出爱情忠贞、家庭幸福、社会和谐，以传统文化创新活动内容、形式和载体，将中华传统文化与现代文明紧密结合起来，引领文明风尚，提升文明素养。该活动展览内容主要包括：婚俗文化展——按照传统婚俗纳采、问名、纳吉、纳征、请期、亲迎“六礼”，营造婚俗文化氛围，进行婚俗文化展演；漆彩三晋——结合婚俗文化氛围营造，进行推光漆、螺钿漆器、云雕漆器作品展示，包括家具、旅游纪念品、装饰画、摆件首饰等；三晋窑火——集中展示八义窑、浑源窑、孟家井窑、怀仁窑、平定刻花瓷和砂器等山西最具代表性的瓷器、砂器等系列作品。还有指尖上的神奇、一针一线锦绣山西、农民画、炕围画省级“非遗”展览和第一书记店展销区、民俗“非遗”展区及其他展品等主题[207]。

7.3　晋中文化生态保护实验区典型非物质文化遗产“活态化”案例

非物质文化遗产“活态化”旅游利用是晋中文化生态保护实验区旅游发展的强劲动力和强大内核。如何“活态化”旅游利用成为晋中文化生态保护实验区旅游发展的关键所在。

本书特选取了非物质文化遗产比较典型的案例进行阐述。

7.3.1 孝义皮影非物质文化遗产的“活态化”发展策略

孝义皮影是山西省首批国家级非物质文化遗产，是我国传统文化中的瑰宝，是国家级文化生态保护实验区——晋中文化生态保护实验区内保护的重要内容。旅游“活化”能够提升人们对孝义皮影非物质文化遗产的感知度，促进孝义皮影价值的深入挖掘和实现，推动孝义皮影的保护、传承以及提升孝义皮影的品牌与价值。

中华文化源远流长，留下了许多宝贵财富，非物质文化遗产是中华文明历史留下的遗产之一，它是发展旅游业的重要资源。有效保护非物质文化遗产不仅仅是静态的“遗产保护”，更应该是动态保护，也即对其合理开发利用。旅游开发是对非物质文化遗产进行保护性开发利用，能够实现由“静态”保护向“活态”传承的转变，这种开发模式对非物质文化遗产的可持续发展非常重要，是新时期非物质文化遗产保护的重要途径。

7.3.1.1 非物质文化遗产的“活态化”生存

根据联合国教科文组织的定义，“非物质文化遗产”是指“被各群体、团体、有时为个人所视为其文化遗产的各种实践、表演、表现形式”[208]，它包括各种类型的民族传统和民间知识等，强调的是以人为核心的技艺、经验、精神，其特点是活态流变。相对于物质文化遗产的“静态保护”来讲，非物质文化遗产应该具有“活态保护”观念[209][210]。

非物质文化遗产“活态化”是一个很重要的研究课题。20 世纪 80 年代开始，世界各国对非物质文化遗产的传承与保护开展了理论研究和实践探索，Wang Y[211]和 Gonzalez[212]分析了非物质文化遗产与旅游的关系，Cominelli 就非物质文化遗产的再创新提出了自己见解[213]，Sedita 认为非物质文化遗产应该“活化”才能创新发展[214]，Yu Park 探讨了非物质文化遗产项目对民族记忆的感召[215]。国内学者主要就非物质文化遗产的传承与保护[216-217]、非物质文化遗产旅游开发模式[218-219]进行了研究，但对于非物质文化遗产“活态化”生存研究的较少。用“活态”来解读非物质文化遗产的核心特性，“自然”与“活性”这两个核心概念就成为关键。

非物质文化遗产“活态化”很重要的途径是遗产旅游“活化”，即非物质文化遗产保护、传承模式因循旅游产业化道路，把非物质文化遗产资源转化成旅游产品，打造其“自然”与“活性”，将空间、时间和活动的人有机结合为一个动态场。非物质文化遗产是一个地区文化和发展的载体，旅游业的发展离不开文化这个驱动力[220]。将非物质文化遗产旅游资源开发成文化旅游产品，一方面有助于非物质文化遗产的传承发展；另一方面，有助于提升旅游地的独特性和旅游价值，有利于旅游业的快速发展。保护非物质文化遗产是为了发展文化，对非物质文化遗产进行“活态化”保护、旅游“活化”利用，既能够发展旅游经济也能够“保护”文化生态。

7.3.1.2　研究区域概述

中国皮影有很多支流派，包括北京皮影、东北皮影、唐山皮影等。孝义皮影是中国皮影流派中重要的一支。孝义皮影历史悠久，据史书记载已有 2400 年的历史。春秋时期，孔子的弟子——子夏来到当时为魏国都城的孝义，当了魏文侯的教师，为了让魏文侯将空洞乏味的知识更好地理解、领会，子夏以影乐的形式教学，将教学、抚琴和影乐适当地融合起来，形成了“影、乐、教”的完整影乐教形式[221]，这种影乐教的形式变为了最早的孝义皮影戏。

孝义皮影兴起于战国时期，是我国众多皮影中最早的皮影之一。孝义皮影在宋代和金代时已发展成熟，到了明代和清代时，孝义皮影发展到一个顶峰时期[222]，后来由于种种原因中断。2006 年国务院将其列入第一批国家级非物质文化遗产名录[223]。

孝义皮影戏有自身形成发展起来的“纸窗皮影戏”和由陕西传入与当地文化融合而成的“纱窗碗碗腔影戏”两种。

7.3.1.3 旅游“活化”对孝义皮影传承与发展的重要性

孝义皮影是中国传统民间文化的遗存，是中国悠久历史的积淀，是我国非物质文化遗产中的重要内容，也是中国民间艺术流传下来的宝贵遗产。它是随着环境变化而不断地进行自我丰富、创新、改造而形成的艺术瑰宝，蕴藏着孝义传统的文化根源，承载着孝义的民间文化。作为山西省首批国家级非物质文化遗产的影戏音乐艺术，它的传承与发展不仅关系到一个地方剧种的存亡，更与中国传统民族文化的存亡息息相关，必须采取措施来对其保护、传承，使皮影艺术得到更好的发展。

孝义皮影的传承与保护是学界极为关切的话题。合理的旅游“活化”是保护和传承孝义皮影的一种重要途径。孝义皮影自身所拥有的极高的文化价值、娱乐价值和观赏价值决定了它可以作为一种旅游资源对旅游者进行开发，吸引旅游者，满足旅游者求新求异的心理。合理的旅游经济利用能够带动孝义皮影价值的提升，从孝义皮影自身的宣传、内在文化的挖掘、资金的投入和开发等各个方面为孝义皮影这一非物质文化遗产的生存与发展创造有利条件。

（1）旅游“活化”可以提高人们对孝义皮影的感知度。通过合理的旅游“活化”可以更好地展示和宣传孝义皮影这一非物质文化遗产，让人们更加深入细致的了解孝义皮影，提高人们对孝义皮影的感知度、认知度。而孝义皮影是一种民族传统文化，也是一种民间艺术，民间艺术大多都是来源于民间，来源于生活的，它的传承与发展离不开良好的群众基础。旅游活动的介入恰好可以让更多的人熟悉、热爱、保护和弘扬孝义皮影。

（2）旅游“活化”可以为孝义皮影的保护注入资金。对孝义皮影进行合理的旅游“活化”可以获得经济效益，为皮影遗产保护注入一定资金。随着旅游活化的开展，孝义皮影这一非物质文化遗产的保护资金会越来越充足，在一定程度上可以保证其保护措施不会由于资金缺乏而无法开展或者开展过程中断。通过合理的旅游“活化”获得的经济效益还可以给孝义皮影的传承人提供更好的传承、保护与创新条件，使之得以很好的保护与传承。

（3）旅游“活化”可以促进孝义皮影价值的深入挖掘和实现。通过合理的旅游“活化”，孝义皮影的文化、经济和社会等价值得以不断地挖掘。孝义皮影是中国传统文化的遗存，其核心在于文化观念和文化价值，首先，开发者在开发的过程中会自发的深入挖掘其文化内涵以提升产品档次、吸引旅游者注意力，这样在产品中则蕴含了孝义皮影的文化价值，随着产品的问世和人们的关注，会使其文化价值观得到认同并得以传承；其次，开发者最终目的是盈利，孝义皮影通过合理的旅游“活化”，其经济价值也得以实现；最后是孝义皮影社会价值的实现，即旅游“活化”促使孝义皮影的价值从被小部分的人们认可发展到被大部分的人们了解、欣赏和认同[223]。

（4）旅游“活化”可以推动孝义皮影的保护、传承与发展。旅游“活化”作为一种方式和手段，可以为孝义皮影的发展注入外在动力、新鲜血液。从某种程度上讲，旅游“活化”会影响孝义皮影的价值表现形式，尤其是外在形式，使之符合、适应时代发展。通过旅游活化的开展，孝义皮影可以重新焕发生机和活力，进而得以更好地存在、传承与发展。这里所说的旅游“活化”仅限于合理的、良性的“活化”利用。

（5）旅游“活化”能够提升孝义皮影的品牌与价值。对孝义皮影进行合理的旅游“活化”能够更好地弘扬、保护、传承和发展这一非物质文化遗产，促进孝义皮影健康、稳定发展，使其走向科学、合理化道路，同时能提升孝义这一遗产地的品牌与价值，丰富孝义旅游的内涵，提升孝义旅游产品的格调和品位，进而增加孝义的旅游吸引力，提高孝义的旅游竞争力[224]。

7.3.1.4　孝义皮影非物质文化遗产旅游“活化”的策略

从旅游“活化”的视角提出“活化”策略，是解决孝义皮影艺术生存、发展的一个关键点。对皮影艺术进行旅游“活化”主要着眼点在于皮影艺术创新、开展旅游合作、进行旅游宣传、建立旅游保障体系等方面。

（1）创新皮影艺术，提高人们对皮影艺术的感知度。孝义皮影濒临消失，其中有一个重要的原因就是它在服饰、道具、形式、内容、风格等方面拘泥于传统。孝义皮影是自给自足的自然经济下的产物，它无论是从形式还是内容上都适应了特定的时代，但随着电影、电视、多媒体等新型娱乐活动进入广大群众之中，因循守旧的孝义皮影吸引力越来越弱。在经济快速发展、人们生活富裕、娱乐活动多样的今天，孝义皮影要想继续立足、生存与发展就必须从多个方面进行创新，适应时代发展。

在创新的同时，保持皮影艺术传统的戏曲色彩是保持孝义皮影非物质文化遗产戏独具特色的原生态特征的根本。保护非物质文化遗产的文化形态和文化价值对于传承和发展孝义皮影意义深远[225]。

①内容上的创新。首先，孝义皮影可以突破过去的剧目，“跟上时代发展、把握人民需求，以充沛的激情、生动的笔触、优美的旋律、感人的形象创作生产出人民喜闻乐见的优秀作品，让人民精神文化生活不断迈上新台阶”[226]，以满足现在人民群众审美和精神要求为核心，以顺应孝义皮影艺术规律为基础的现代化的精品影戏剧目，真正做到贴近生活、贴近大众、保持民族性、适应时代性。其次，孝义皮影可以把现代影视中的艺术，比如大众热爱的小品、相声等融入进去，也可以把孝义及山西乃至其他各省的风俗人情、美丽景色用影戏的形式展现给众人。

②形式上的创新。墨菲研究表明，旅游目的地产品包括景区环境和服务两个要素，旅游目的地总体环境和质量对旅游者的感知质量、感知价值、重游意愿有显著影响[227]。因此，孝义皮影进行旅游“活化”首先应美化周围的环境，为旅游者提供一个良好的心理感知环境。孝义皮影可以改变过去的狭小的影窗内表演为大舞台、大布景表演的形式；可以将声、光、电以及现代动漫技术有效地运用于传统的皮影艺术表演[228]；将传统的数字二维平面造型改变为以三维立体的方式呈现，实现了皮影元素在三维空间中的灵活展现。将符合现代审美的皮影艺术以新潮的表现方式展现给现代受众，让现代受众也能感受到皮影这门古老艺术的无穷魅力。

③加强皮影旅游体验。体验旅游时代的人们不再是追求单纯的视觉上、听觉上的享受，而是要求参与其中、身临其境的“体验”，感受其氛围、体验其

真实性的观念不断增强[229]。在开展孝义皮影旅游时，应在关注皮影自身特色的同时增加游客体验的内容，在皮影旅游项目中增加让旅游者参与的部分。旅游者既可以参与到皮影的制作与雕刻中，也可以参与到皮影的表演之中，旅游者在参与的过程中既可以获得身心的愉悦，又可以留下美好的回忆[230]。

（2）开展旅游合作，进行旅游宣传，形成旅游市场。孝义地理位置优越，交通便利，是周边地区政治、经济、文化发展的中心，是重要的人员集散地，有着旅游发展的良好区位，它与晋中市的几个王牌景区，如王家大院、介休绵山、平遥古城等距离都很近，与同属吕梁市的杏花村汾酒工业旅游区比邻，这些都为皮影艺术依托旅游发展提供了“天机”，与上述旅游区域合作有利于孝义皮影艺术的发展。

①与旅游景区开展合作。孝义皮影反映的是孝义这个地方独特的生产生活方式、民间风俗习惯，它与孝义特定的社会环境和文化氛围是分不开的[231]。传承和发展孝义皮影应该首先在孝义本土景区对孝义皮影进行积极的展示、宣传和表演，从“占领”本土开始，对孝义皮影做好保护和传承，“活化”利用。孝义周边的景区，平遥古城旅游区，介休绵山旅游区是 5A 级景区，王家大院是 4A 级景区，这些景区知名度高、人流量大，与上述旅游景区合作容易产生“名牌效应”。而孝义又是国家级文化生态保护实验区——晋中文化生态保护实验区中重要的一环，孝义旅游可以与他们开展线路间的合作，进行人员间的互通，实现共赢的局面。

②进行旅游宣传。鉴于孝义皮影濒临消失的处境，孝义皮影要想继续生存与发展就必须进行大规模的宣传与推介，在宣传与推介中突出孝义皮影的文化性、观赏性与娱乐性，激发大众去欣赏、购买和保护它的欲望，让大众熟识并喜欢它，以达到传承与发展它的目的。

孝义皮影可以利用大众媒体进行宣传，可以在大众经常看的报纸、杂志上刊登关于孝义皮影的各种信息，信息中除了包括孝义皮影的起源、历史演变、种类、艺术特征、制作和演出外，还应包括孝义皮影这一旅游产品“图文并茂”的信息，如孝义皮影木偶艺术博物馆等相关内容；可以在网络上创建以孝义皮影为主题的网站，进行网络营销。孝义皮影可以依托网络平台，建构皮影网站，既能满足旅游者求异的心理，又能满足其“虚拟旅游”的需求。皮影网站可以提供皮影的相关信息包括遗产地孝义的信息，进行网上的皮影表演视听，展示皮影博物馆、皮影工艺品，还可增加个性化的一对一定制服务，和旅游者进行互动，营造现实旅游的氛围等[232]。可以制作一批孝义皮影旅游的宣传牌，安置在孝义火车站、汽车站、高速公路沿线，在人流量大、知名度高的旅游景区内进行定时定点的巡回演出。这样不仅宣传、展示了孝义皮影，也可以增加表演所在景区的卖点与娱乐项目，以此来吸引旅游者的眼球，让“孝义皮影旅游”为大众所熟知并去主动欣赏、品味。

旅游相关管理部门应将孝义皮影的爱好者、传承者、研究它的专业人士、旅游专业人才组织起来，本着尊重人才、爱护人才的原则，让他们为孝义皮影的生存与发展做贡献。这些人员可以到各类潜在人群，如老年人群、学校、协会、机关等群体中进行宣传、进行巡回演出、开展以孝义皮影为主题的文化旅游推介会等，为目标市场的旅游者开展旅游、为孝义皮影旅游的发展壮大创造条件。通过宣传，及时根据市场变化、消费者需求合理调整孝义皮影旅游产品的价格、内容等，使之“接地气”，更好的发展。

7.3.1.5 完善政策机制，建立旅游保障体系

孝义皮影非物质文化遗产的旅游“活化”要想成功离不开政府的鼎力支持。孝义皮影目前资金短缺、传承困难的局面决定了孝义皮影旅游要想得到很好的开展并取得一定效益，就必须有资金、政策、法律等方面的大力支持。

(1) 政府的财政、政策支持。孝义皮影非物质文化遗产旅游需要政府的大力支持，包括财政支持、政策支持和制度支持。孝义皮影非物质文化遗产出现传承人匮乏，一个重要的原因在于从事孝义皮影的艺人得不到最基本的物质生活保障，更别说其他保障了。为传承人解决后顾之忧，由政府或者社会各界提供资金帮助，为他们创造更好的传承条件，才能使孝义皮影不断发展、壮大。孝义皮影非物质文化遗产旅游的开展需要种种前提条件，如创新皮影艺

术、进行前期的宣传等，它们都离不开政府的财政、政策、制度支持。

①财政支持。政府应组织孝义皮影非物质文化遗产研究者、旅游专业人士、皮影艺人、皮影爱好者等成立专门的皮影非物质文化遗产旅游研究机构，负责统筹皮影非物质文化遗产旅游的各项活动，负责对皮影非物质文化遗产旅游资源的整合和调度，负责进行皮影非物质文化遗产旅游的规划，负责协调与发展政企关系，负责组织皮影从业人员的招聘、培训与学习，负责对皮影非物质文化遗产旅游的宣传与推介等，这些都离不开政府的财政、经济支持。②政策、制度支持。政府应对孝义皮影非物质文化遗产旅游提供政策、制度支持，特别是对皮影传承人的支持，以此来提高皮影从业人员的薪资待遇、生活水平、社会地位等，提高大众对孝义皮影非物质文化遗产的关注度、参与度、保护度。

（2）法律保障。孝义皮影非物质文化遗产是传统文化的遗存，孝义皮影非物质文化遗产旅游是将孝义皮影作为旅游资源的文化遗产旅游。在文化遗产旅游过程中不免会出现对孝义皮影这一传统文化遗产造成不利影响甚至破坏遗产生存与发展的现象，鉴于此，政府应对孝义皮影这一非物质文化遗产提供法律保障来规范旅游活动、规范人们的行为，促进孝义皮影这一非物质文化遗产更好的生存与发展。

7.3.2　基于文化生态旅游视角的榆次后沟古村落旅游开发

古村落是中国古老文化的最生态化的记忆，以“古色古香”“原汁原味”为主要特色的古村落，成为旅游开发的重点。古村落也成为承载非物质文化遗产的重要载体。传统村落与非物质文化遗产有着千丝万缕的联系，非物质文化遗产形态均可以在村落空间里看到完整的表现形式，并与村落生产、生活融于一体，具有较强乡土文化特色。以村落作为文化生态保护的实践单位，就能成为我们探索非物质文化遗产“整体性保护”的突破口和试验田，不仅能够直观反映出不同地域文化生态环境的整体特点，而且在保护文化生态的实践工作中更易操作和落实。

一般而言，古村落是指某个历史时期形成的，具有一定历史意义、文化特色和艺术价值的古村[233]。古村落是农业文明的重要标志，也是中国古老文化的最生态化的记忆，是一类特殊的人类聚居空间；有较丰富的非物质和物质文化遗产[234]，有保存得较为完整的建筑格局。古村落是农村乡土文化的活文物，古村落的保护，不仅要保护其建筑、更重要的是保护其世代传承的非物质文化遗产。古村落的保护不仅是传统的静态化保护，更多的是需要“活态化”保护。而“旅游化生存”不失为一种较好的保护方式。古村落旅游地是以保存完整的村落为吸引物，以当地特有的民俗风情为支撑的原生态旅游地[235]。

国外古村落旅游发展早于国内。从20世纪30年代开始，欧美等国家就已经开始了古村落的保护问题研究，从提出概念到形成法规，以及保护措施上都成果颇丰[236-238]。日本在1975年开展了传统古村落的观光旅游活动[239]。在国内，20世纪90年代初期，学者开始关注古村落旅游资源，但直到20世纪90年代后期，古村落旅游才作为旅游研究的主题。21世纪初期，古村落旅游研究全面展开，但研究内容重点放在了开发原则和开发样态上[240-244]，而作为遗产的古村落的保护研究却鲜见，从文化生态旅游视角研究古村落旅游发展更是缺失。作为最重要的传统文化旅游地，古村落正成为新世纪旅游热点[245]。因此，我们有必要从文化生态的视角来探讨古村落旅游的生态化发展[246]。

7.3.2.1 文化生态旅游理论

“文化生态”概念最早由美国人类学家斯图尔德提出[247]，随后萨林斯与塞维斯对文化生态学做了更为详尽的定义，“文化生态学应包括各文化之间的关系、超肌体的环境和居住地的自然特征”[248]。进入20世纪80—90年代，国内众多学者从多层面、多角度系统的解读了文化生态的内涵。“‘文化生态’是以一种类似自然生态的概念，把人类文化的各个部分看成是一个相互作用的整体”[249]。文化生态系统认为“文化物种的多样性是文化生态系统得以维持动态平衡的必要条件”[250]，“各种文化吐故纳新、交流互动而形成不同的文化群落”[251]。文化生态是动态的，处于均衡与失衡之间运动。文化生态（Cultural Ecology）是一种历史过程的动态积淀[252]，特定区域的历史文化传承和特定地理生态环境造就了特定的文化生态。

随着文化旅游开发中文化生态问题日益突出，维护文化生态平衡和文化完整性的重要性逐渐为人们所认识。寻求旅游可持续发展与文化生态保护的良性互动机制成为学者们的研究热点。

文化旅游是感受和体验异地异质文化，满足文化介入或参与需求冲动的过程。生态旅游是指人们以享受大自然和了解大自然为目的的旅游活动过程。文化旅游与生态旅游在某种时候具有重合部分，重合之处即为文化生态旅游。文化生态旅游是集生态旅游、文化旅游于一体的新型旅游概念[253]。应注重合理保护与妥善开发并重的发展战略[254]。文化性旅游资源的生态化挖掘是文化生态旅游资源开发的实质[255]。文化生态旅游是使旅游者获得文化教益的一种专门层次的旅游活动[256]。“以特定区域环境下特定行为模式关系作为文化生态学研究主要内容观点，尤其是确定区域“文化内核”是与生存和经济行为关系最密切的那部分文化”[257]密切相关的认识无疑是具有重要的引领作用。它是文化景观、文化群落以及文化生态系统的空间载体，并以其位置、自然环境、资源条件等赋予它们基本特色。探讨特定地域文化三大层面，即物质文化层、精神文化层与制度文化层相互渗透、互为表里的关系也是文化生态研究的核心内核。其中精神文化层也就是意态文化是文化生态旅游研究中需要着力去思考的问题。

综上所述，我们可以将“文化生态旅游视角下的古村落旅游”界定为：以了解古村落的文化与历史知识为旅游目的，体验、感受和欣赏古村落特有的文化景观，使旅游者获得文化教益的一种专门层次的旅游活动。这些文化景观不仅包括作为文化载体的古建筑、民居建筑、宗教寺庙、风俗习惯等物态文化，还包括可以感受到的气氛情感、风格等，如宗教文化区、信仰文化区、民族风情区等意态文化。

7.3.2.2 后沟古村的文化生态分析

文化是人类改造客观世界的成果，分为物质、制度、精神三个层面。在一定的环境条件下，古村落文化通过与周围环境相适应而形成独特的文化生态系统。这种文化具有地域性、传承性、创造性。后沟古村承载着中国传统的农耕生产文化以及特定的地域文化和民族文化。后沟古村的特定地域“文化内核”造就了特定的地域文化生态。优越的自然环境、合理的空间布局、典型的民居建筑、完善的风水体系以及浓郁的民俗风情构成了后沟特有的文化生态。

(1) 优越的自然环境。榆次后沟古村被誉为“黄土旱塬农耕文明的传统经典”，它位于山西榆次区东赵乡，有文字可考的历史可追溯到唐代。民居多为清、民国年间建造的独立式窑洞。保存完好的地下排水系统展示了古代人民的智慧[258]，于2005年9月9日正式对外开放。后沟古村依山而建，形成了后沟古村的沟、坡、垣、滩等纵横交错的独特地形地貌[259]。

(2) 合理的空间布局。后沟古村四面环山，地势起伏，错落有致，一条龙门河贯穿整个村庄，村民居住地及庙宇祠堂主要位于北侧傍山一带。纵观整个村落布局，选址考究，“依山造物，傍水结村”，“以山水为血脉，以草木为毛发，以烟云为神采”[260]，充分体现了“因地制宜，依山就势，天人合一，顺应自然”这一中国传统建筑特色。

(3) 典型的民居建筑。就地取材，因地制宜，是乡村聚落中民居建筑的普遍形式，由于自然地理环境的千差万别，造就了风格迥异的山西传统聚落民居建筑。后沟古村民居建筑是典型的黄土高原土穴窑居。窑洞和砖木结构是后沟古村民居建筑的主要形式。古村建筑在选址上因地制宜，在取向、高低等方面都不对自然做更多更大的破坏性改造。古村落中几乎所有的院落正屋都是窑洞，但都要建筑出厢房，再下又盖倒座的南房，形成四合院，这种院落在北方村镇民居中属于比较讲究的[261]。后沟古村的民居建筑主要以窑洞式的合院建筑为主，在继承传统封闭的保守思想时又有所创新[262]。

独特的窑洞建筑是典型的黄土高原地形所形成的特有产物，完善的神庙系统体现了后沟村民浓郁的民间信仰，精巧的地下排水系统更是再现了后沟古村祖先运用智慧的结晶。

（4）完善的风水体系。出于“天人合一”的中国古代哲学思想，风水学术按照“气”“阴阳”“五行”等要素，认为人与自然应该取得和谐的关系。追求一种赏心悦目的、优美的环境体现在人们的风水观念之中[263]。风水文化观念浸透中华传统各种建筑景观中，风水文化成为中华建筑文化的有机组分和独特表现[264]。

后沟古村选址于山地之上。村庄建筑是典型的黄土高原建筑风格，沿河岸依山势而建，择水而居，背靠要罗山脉，龙门河从村东北流向西南，村落四面皆山，绵延起伏，整体构成“二龙戏珠”的仿生学意境，也体现了喜庆吉祥、红火热闹的村落选址创意。这种村落环境选择与其说是风水行为，不如说是人类通过赋予自然的象征意义，将环境心理学和风景美学不自觉运用到生存的空间。

同时，后沟古村的神庙建筑也极具风水意义，文昌阁、魁星楼能起到振兴文风、昌盛文运的目的。观音堂具有镇煞的作用。

（5）浓郁的民俗风情。后沟古村不仅保存了千百年来黄土高原农耕文化的传统，更以此继承了中国北方的汉民族文化的自给自足的自然经济发展模式，浓郁的民俗风情和乡土文化通过每年的婚丧嫁娶、庙会戏曲、民间艺术、生产生活方式得以展现。百姓的生活方式也依然保留着浓厚的古风。

仅就民间手工艺术而言，种类繁多，形式各异，剪纸、纳鞋底、面塑、布老虎在后沟古村较为多见。旅游者可以亲自参与，体验制作过程中所蕴含的农耕文化的生产实践和生活方式，充分体现农耕生活的多姿多彩。这种悠然恬静、丰富多彩的小农生活依旧是后沟村民现在的生活写照。环境生态设计中的文化生态观研究

7.3.2.3　后沟古村文化生态旅游特性

后沟古村的文化生态环境为古村发展文化生态旅游提供了不可多得的天然

条件，是后沟古村文化生态旅游得以健康、快速和可持续发展的保障。具体来讲，古村发展文化生态旅游具有几个优势。

（1）风水文化的旅游利用价值。风水文化是指有关人与环境关系的文化[265]，其力求达到“天人合一”的境界[266]。风水文化是中国独有的瑰宝，资源丰富，应用广泛，深度开发潜力大。发展风水文化旅游，可以将这些现有的或者潜在的旅游资源进行深入挖掘。因此，风水文化旅游就是开发能够满足由风水文化资源所折射的精神文化的介入和需求的旅游形式[267]。

风水文化起源于中国，是中国传统文化的重要组成部分。凡有环境的地方必有风水，风水理论的产生是人类对自然界做出的应答之一，体现了人对建筑物与环境之间关系的敏感。如果剔除风水的玄虚迷信的糟粕，我们会发现风水理论其中还有很多合理的成分。而且它还是中国传统宇宙观、自然观、环境观、审美观的一种反映[268]。

古村落风水文化是独具地域特色的文化，孕育丰富文化生态学思想的古村风水文化是古村落文化中集具体与抽象于一身的表现体之一。后沟古村聚落深受我国“天人合一”传统哲学观念的影响，在聚落的选址上讲究风水，遵循古代堪舆学理论，聚落与自然和谐共处。聚落选址在“天人合一”的思想指导下，择吉而居，虽然历经千年之后当年的龙门河已渐渐枯竭，但设计之初所要表现的符合“天人合一”“万物一体”的思想还清晰可见。

它成为后沟古村落、古民居选址、建筑布局的重要依据，这成为后沟古村旅游景区实现可持续发展的基础，也能够增加其旅游开发利用价值。

（2）建筑文化的旅游利用价值。文化生存于多种生态条件中，建筑文化也是这样。建筑是文化的一种形态，是人类物质文明与精神文明的产品，它本身就代表了一种文化类型。作为人类劳动的主要创造物之一的建筑，是构成文化的一个重要部分[269]。建筑的文化价值，即建筑的社会文明价值，是建筑的品质与精神，是建筑为社会创造的总的生活模式和生活情境的人文写照[270]。传统建筑文化具有民族性、地域性、发展的连续性、传承性和演进性等特点，所以它必然有许多东西需要我们去继承，去发扬[271]。

后沟古村的土窑洞、古民居、吊桥院以及各种庙宇等宗教建筑，突出展示了黄土高原特殊的地质地貌造就的独特建筑风格。这不仅仅向游客展现了我国古代劳动人民的聪明才智，更展现了黄土高原居民特有的生活方式和朴实的精神。

（3）民俗文化的旅游利用价值。民俗文化是广大劳动人民创造和传承的民间文化，是在共同地域经历了历史沉淀和传承的文化传统，是历史发展的产物[272]。它的产生和发展与人民一定的物质生活水平、生活内容、生活方式、自然环境、政治气候以及发展等因素有一定的关系。这种具有民族的、时代的文化既有物质的标志、制度的规范，又有具体社会行为、风尚习惯的鲜活体现[273]。民俗，来源于生活，是人们进行各种休闲、娱乐、生活需要等活动产生的，是在特定的地区、时代不断形成、演变而来的文化，是传承文化过程中最贴近生活的一种文化。受中国传统农耕文化的影响，从耕读织作、婚丧嫁娶到节气庆典等诸多方面，后沟村民们形成了一整套形式繁复、极具特色的黄土地上的民间风俗。

民俗文化的流传属于代代相传，后沟古村保持着其原有的生活习俗，具有一定的稳定性和连续性，有助于后沟古村旅游资源的深度挖掘。后沟古村的民俗文化资源不仅可以带来可观的经济效益，还可以产生广泛的社会效益和深远的生态环境效益。

7.3.2.4　后沟古村旅游开发面临的文化生态问题

我国现存古村落的最好发展出路应该是以适度的旅游开发获取的经济效益来完成对古村的保护性旅游开发。旅游开发不应该破坏地域特有的文化生态。

后沟古村在榆次区委大力支持下，于2004年、2005年进行了大规模的修复，并于2005年以农耕文化为主要特色投入运营。后沟古村的开发，融合了当代旅游者对绿色旅游、乡村旅游的需求，带来了大批的大众旅游者和各界学者。2013年，景区综合收入达300万元。

但是，随着后沟旅游业的不断开发和商业化经营的持续渗透，景区环境和治安管理出现明显的漏洞。商业化气息笼罩在本应民风淳朴的古村落中；同时当地居民开始乱拆乱改民居建筑，与景区整体布局不和谐。

（1）生态环境脆弱，保护力度不足。后沟古村地处黄土高原，土质疏松，不合理的开发利用导致严重的水土流失，特别是暴雨期间造成泥流下泻，冲垮道路，影响景区的正常经营和旅游者的人身安全。与此同时，由于保护和维修不足，许多古建筑的墙体已开始开裂、倾斜，木结构的构件也在不同程度上发生了霉烂，白蚁、黑蜂大量繁衍对古建筑的侵蚀非常严重。

与此同时，大量的游客涌入，导致旅游景区垃圾增多，又因目前后沟景区管理和环境保护设施尚不完善，无法及时有效地处理这些旅游和生活垃圾，不仅使古村落环境污染问题越来越严重，生态环境日益恶化，也导致古村落有限的环境容量与逐步增长的旅游者之间的矛盾更加突出。

（2）商业化过度，冲击景区本土文化。过度商业化，这是古村落旅游开发和发展过程中面临的一个重要问题。毫无疑问，商业化在旅游发展中是不可避免的，没有商业化就没有旅游开发，也就是说，在旅游发展过程中，适度的商业化并不会影响到古村落旅游的核心。

但随着旅游的不断发展，为了迎合游客的需求和满足开发商的利益，后沟古村大量重建古建筑，开设大量店铺，这使古村落的原有风貌遭到破坏，与古村落古朴的生活方式极不和谐，传统文化受到冲击。从古村落旅游景区变为“现代化商业区”，这不仅使旅游者对古村落的原真性体验受到影响，而且一旦商业化达到一定程度，最终会葬送当地旅游业的发展前途。

（3）开发力度不足，缺少深刻文化内涵。古村落旅游在开发过程中，都有其独特的文化理念，这也是一个旅游景区得以长远发展的根本所在。古村落旅游对旅游者的吸引力从根本上看，也是源自当地特有的文化理念。很多旅游者到古村落去旅游，其旅游动机除了放松心情、参观古建筑，更多时候是希望可以亲身体验当地的生活方式、民俗风情、建筑特色、风水文化。

后沟古村落在其开发方式上，以静态展示为主，其文化内涵并没有得到有效展示和充分挖掘；在娱乐方面，后沟景区缺乏特色的体验项目，这使当地的民俗文化得不到展示和传承；在深度体验方面，由于开发深度不足，仅仅停留在游客欣赏古建筑、品尝农家菜的层面上，没有对后沟古村的建筑特色、风水文化、民俗风情等内容进行深入挖掘。

7.3.2.5　基于文化生态旅游理念的后沟古村的旅游开发对策

古村落的旅游开发必须突出古村落旅游景区的文化生态特点，注重文化因素和历史资源的深度挖掘和合理利用，尽量减少现代化的设施建设和旅游项目移植[274]，这样才能“精彩无处不在”，获得可持续发展。后沟古村的“文化内核”在于富有地域特色的“非物质文化遗产”，是某种“制度化”的文化；后沟古村的特有建筑是物态化的文化；而贯穿于全过程的风水文化可以说是意态化的文化。古村的文化生态旅游需要在这三个方面做足文章。

（1）立足于原生态和可持续发展，科学规划，保护性开发。旅游者到古村落旅游，最基本的动机就是体验古朴的乡村环境，包括对当地特有的古建筑、独特的风水文化、独具特色的民俗风情等的向往，也就是对古村落原真性、完整性的追求。因此古村落在开发过程中，必须合理协调规划、开发与保护之间的关系。

在对后沟古村的保护开发中，坚持遗产分层和遗产活化原则。不同的遗产赋存状态，采取不同的活化策略。“遗产活化是一个很重要的问题，遗产活化就是如何把遗产资源转化成旅游产品而又不影响遗产的保护传承”[275]。为了保证建筑群体整体风格的和谐，注重后沟古村的自然景观、生态景观和人文景观的有机协调和统一，应该完整保护古村有特色的建筑；加强对古建筑的保护和定期修缮，坚持“修旧如旧”的原则，尊重历史真实性，对民居、戏台、宗庙等各类古建筑进行小规模整修；对损毁严重的民居可以在保持原貌的基础上适当修复，以满足现代化村落民居居住生活与旅游活动的需求[276]。

（2）规范旅游市场，保护文化原真性。后沟古村旅游购物点都是以当地村民自行开设的店铺为主，存在“散、乱、差”等状况，制约了后沟古村旅游业的长远发展。古村文化生态旅游需“提供与重要遗产实物、场所、地方或再造的历史活动及生活方式的直接联系”：它们必须是“活生生的”，或者是真正的“特别”活动”[277]。

从相关政府的角度而言，应当在保护当地文化完整性和文化原真性的前提下，对后沟古村的旅游进行引导和调控，制定相应法规规范旅游市场，进行政府干预，促进当地旅游业的稳步发展；从旅游景区管理机构的角度而言，应该以当地文化特色为主题的前提下，形成具有地方特色的产业链，使游客既满足其旅游需求，又能获得当地的旅游纪念品；从旅游经营者的角度而言，在景区经营店铺或者农家乐，既要做到保证自身利益，也要与景区整体环境相一致、相和谐。从不同的角度对旅游市场进行规范，保证文化延续的前提下，加快后沟旅游业的快速发展。

（3）重视文化生态理念，科学发展后沟古村旅游。

①深度挖掘以建筑文化为特色的“物态化”的文化，强化古村落旅游的吸引物。传统建筑文化是对地域、民族、信仰的传承和展示。古建筑在阐释文化内涵的同时，与风水文化、生态环境、宗教信仰、艺术文化紧密结合。因而，后沟对建筑文化进行深度开发时，一方面，要借助影视、图片、资料等工具，积极做好宣传工作，增加景区知名度；另一方面，对于极具经济价值的砖雕和木雕，开发过程中注意保护，采取先进的技术手段进行保护。与此同时，不断挖掘其美学、科学和历史文化价值，在确保与古村落整体环境相一致的条件下，合理建设各种娱乐设施和体验项目。对于进行特殊保护的建筑，仅供参观，不可进行商业开发，绝对确保建筑的原真性。这不仅可以使游客深刻认识和了解建筑文化，而且在游览的同时也保护了古建筑。

②深度挖掘古村“文化内核”的非物质文化遗产，构建民俗文化为特色的古村落旅游。“文物是有形的，静止的，静态的历史，但它承载的内容是活泼的，是动态的。要做到“形神兼备”，就既要有形式还要有精神的内容。有形就是在物质层面恢复原貌，建立可视的载体；有声就是建立动态的借以体现遗产旅游特质的”[278]。

后沟古村在不断发展过程中，保存了千百年来黄土旱塬农耕文化的传统，继承了北方民族自给自足的传统文明。充分利用这些独特的民俗文化，大力推进后沟古村体验性旅游的发展。在其传统文化的展现方式上，积极利用其特有的资源开发具有当地民俗风情的产品，增加体验性产品和活动，让游客参与其中，亲身感受当地浓郁的民俗文化。比如，剪纸、采摘、社火、酿造工艺等等。这种具有浓郁民间传统的文化氛围，不仅会吸引大批游客，而且在旅游发展和游客体验的过程中得以传承。

③开发探索以风水文化为特色的意态文化旅游，打造古村落旅游品牌高地。追求风水的根本，就是自然与和谐。林峰提出的"'四步结构'——了解学习—游览观赏—体验探索—购物纪念"[279]的理念对后沟古村的风水文化旅游具有一定的借鉴作用。

后沟古村以村东、村西两个黄土梁为衬托，以龙门河为背景，以人工景点为补充，形成多层次画面感。后沟古村的选址极为讲究。当地流传这样一句话：四十里龙门不断流，曲曲弯弯过后沟[280]。纵观后沟古村的全貌，东西两道梁把村庄抱在怀中，村东的黄土梁"黑龙"，村西的黄土梁"黄龙"，构成二龙戏珠的格局；从魁星楼往下看，两个黄土梁环抱形成一个圆形，使得后沟形成了太极图的形状[281]。通过这样详细生动地讲解，可以使游客充分感受和领会到后沟古村浓厚的风水文化。

了解学习，是风水文化旅游的前提和必要准备。后沟古村通过网络、电视、旅行社、报刊等方式，推广、宣传当地的风水文化特色，提高旅游吸引力，引导旅游者参观游览。

游览欣赏、体验探索，是感受风水文化的具体过程。后沟古村可以展示如八卦、展出易经和罗盘、制作相关地形图，让游客试验设计，加强游客参与性和娱乐性。对后沟古村风水文化进行挖掘，对导游人员进行专业培训，以提高讲解能力。购物纪念，通过深刻了解风水文化知识，使游客进一步产生购物需求。后沟古村可以适度开发相关产品，比如：风水书籍、吉祥物、镇宅之宝等，引导游客理性购物。通过风水文化游，旅游者在领悟、感受当地的风水文化、风水理念的同时，也对风水知识有了一定的了解。

7.3.2.6 研究结论

后沟古村文化生态旅游的发展离不开古村特有的“文化生态”。保有古村的良好的文化生态是后沟古村旅游发展的前提和基础。在古村旅游开发过程中，始终坚持“文化生态”因子，将物态文化、制度文化和意态文化有机结合。品牌价值远大于产品和项目本身的价值，后沟古村文化生态旅游的开发，应树立品牌观念，努力打造精品，形成北方农耕文明古村落品牌；深挖文化内涵，形成山西旅游特色；以文化生态旅游为本，打造古村旅游的国际品牌。

7.4 晋中文化生态保护实验区非物质文化遗产保护的信息化建设策略

我国的文化生态保护实验区传统文化遗产中历史文化村镇及其文化遗产数字化的相关研究存在着整体水平不高，缺乏核心的系统理论支撑，相关的应用技术标准与实践操作技术规程尚未建立，应用实践需要深化等问题。这严重制约了我国文化生态保护整体保护以及历史文化村镇数字化的进程与相关的产业化应用。因此，破解我国当前文化生态保护以及历史文化村镇、文化遗产数字化领域所面临的难题，具有社会意义和实践价值。尽管我国学者对非物质文化遗产的数字化保护的理论与技术开发取得了显著的进展，但是对于大数据技术视野下的“非遗”表征、数据资源与知识整合数据库的构建、多民族的数字文化资源整合等问题急需开展深入研究[282]。在文化遗产事业快速发展的背景下，学界开始关注建立文化遗产学，从而有利于文化遗产承载的历史信息与文化价值得到更深入的挖掘、解读与传递。在联合国的推动下，数字遗产应运而生，在数字化技术的驱动下，相关的理论与实践迅速开展。然而，随着数字化技术自身的演进，大数据分析技术与云计算平台技术已经开始渗透并深入影响到文化遗产的数字化保护。因此，构建系统的文化遗产数字化理论体系，以更好地为急剧增加的文化遗产数字化项目建设与产业化应用提供坚实的理论、方法、数据模型、软件工具、技术操作流程、管理服务等支持[282]，这已成为当前文化遗产数字化领域积极应对的重要问题。

2010 年晋中文化生态保护实验区成立以来，非物质文化遗产传承环境日渐优化，非物质文化遗产保护成果显著。除 2011 年专门成立非物质文化遗产保护中心外，晋中文化生态保护实验区还建成 1 个国家级“非遗”生产性保护示范基地（山西广誉远国药有限公司），2 个省级“非遗”生产性保护示范基地（山西黄河中药有限公司、平遥薛生金漆艺研发有限公司），这对推动晋中市“非遗”市场化的传承起到了积极的示范作用。2016 年，通过摸底、调查，登记在册的“非遗”代表性项目传习所、传承基地和展示馆达 83 个，整理保存了大量与晋中文化生态保护实验区“非遗”有关的实物及其信息，为推广振兴晋中文化生态保护实验区“非遗”奠定了坚实的基础。晋中文化生态保护实验区非物质文化遗产保护推广工作取得一定的成效，借助信息技术对晋中文化生态保护实验区非物质文化遗产进行更有效的保护，已成为新形势下推进晋中文化生态保护实验区非物质文化遗产保护的必然选择。

7.4.1 强化晋中文化生态保护实验区非物质文化遗产保护信息化建设的思想意识

从现实层面分析，晋中文化生态保护实验区的非物质文化遗产形态多样，其自身的结构非常复杂，因而在对待不同的非物质文化遗产时不能一概而论，要根据实际情况采取不种方式进行妥善保护。综上分析可知，开展晋中文化生态保护实验区非物质文化遗产的信息化建设是落实保护工作的首要环节，是了解、掌握和获取晋中文化生态保护实验区非物质文化遗产资源情况和保护现状的有效手段和可行途径。

7.4.2 设立专门的晋中文化生态保护实验区非物质文化遗产保护网站

晋中文化生态保护实验区建立了基础数据库，但仅有一些基本信息，以文字为主，不涉及音视频等多媒体信息、平面布局图或遥感影像图、计算机仿真的三维建筑模型以及整个保护区的三维虚拟场景等。各地针对保护区内的历史文化村镇也有零星的数字化实践及遗产数据库案例，但均不涉及空间位置关系；并且由于缺少科学规范的资源数据库建设体系和规划，各地自行其是，形成一个个信息资源孤岛，信息碎片化，资源不能共享。专门建立的网站是非物质文化遗产信息资源数据库和理论科研数据库的延伸。晋中文化生态保护实验区的非物质文化网站要建设成具有本地特色的网站，要及时发布晋中文化生态保护实验区非物质文化遗产保护的相关信息，建立空间范围的晋中文化生态保护实验区全貌状况，力求在空间上体现保护区的有关信息，为晋中市、全省乃至全国的非物质文化遗产保护工作者的保护、研究等工作提供方便、快捷、专业的交流平台。网站的内容可以包括晋中文化生态保护实验区名录、遗产选粹、传承人等基本信息，也可以包括新闻动态、保护论坛、知识链接等其他栏目，以满足不同人群的需求，还可以在信息交流平台中采用 E－mail、聊天室等信息互动形式，便于传播者和受众的交流，实现信息的共享、补充等。等到网站建设取得进展后，可以向网上数字博物馆的方向努力。

7.4.3 建立晋中文化生态保护实验区非物质文化遗产的网上展示系统

我们要转变对数字化保护的理解，从简单的数据采集、存储转向保存、传播、展示和综合利用；从各自为政的分学科的数字化采集和处理转向跨学科协同的数字化处理与利用；从重技术、偏个案、轻标准的工作现状转向重理论、重范式、重标准的新方向，从而减少普遍存在的重复性工作、分散性工作和低水平工作等现实问题。构建晋中文化生态保护实验区整体展示系统，该系统可以综合各种多媒体信息，在虚拟场景中将视频、音频、图及、文字建立场景的混合模型等形式合理结合，并协调展示，以实现对工艺流程的详细表达、工艺存在的文化状态、民间艺人档案、传播传承方式、民艺品原材料、民间生活文化等存在方式的再现交互功能。同时，所建立的展示系统能够在任何多媒体展示设备进行现场的展示与宣传，供人们查阅、认识和掌握。

7.4.4　晋中文化生态保护实验区非物质文化遗产信息化建设手段培训

定期对晋中文化生态保护实验区从事非物质文化遗产信息化建设工作的人员安排培训，邀请相关领域的专家学者、有经验的工作人员等进行培训，培训方式可采用课堂讲授、现场演示、经验交流等多种方式，培训内容可以是非物质文化遗产保护方法、数据采集、普查与资料收集、数据库技术等，以提高晋中文化生态保护实验区非物质文化遗产数据收集及数据库建设的水平。

总之，通过数字化技术开展中国文化生态保护实验区的保护，不仅要构建基本的理论体系、方法体系，还将构建相应的技术应用体系和标准，不仅要实现保护区古村古镇文化遗产的基本数据记录、存取、监测和修复，而且将实现文化生态保护实验区古村古镇数据的开发利用、三维虚拟和数字化呈现，最终实现保护区古村古镇文化遗产的永续传承和网络虚拟文化旅游产业的快速兴起。

7.5　科技创新视角的非物质文化遗产保护与晋中灵石静升古镇文化旅游小镇建设

目前，学术界关于旅游开发要以保护非物质文化遗产为前提这一观点已基本达成共识。从研究内容看，国内外学者的相关研究主要涵盖六个方面：对非物质文化遗产保护与旅游开发之关系研究[283-285]；非物质文化遗产旅游开发模式研究[286-289]；对国外非物质文化遗产旅游开发经验借鉴研究[290-291]；对区域非物质文化遗产保护与旅游开发研究[292-295]；对专项非物质文化遗产旅游开发的实证研究[296-298]；对非物质文化遗产旅游开发利益相关者研究[299-303]。通过梳理国内外相关领域专家学者的研究成果发现，目前对古堡型文化旅游特色小镇的研究相对较少。古堡型文化旅游特色小镇中的古堡建筑作为一种物质文化遗产，其精髓和内在核心在于深厚的文化内涵，也即文化生态环境。科学有度地将古堡建筑开发成旅游吸引物，其行为本身就是一种保护手段，同时，古堡建筑也是一种文化生态空间载体，把更多具有地方特色的非物质文化遗产融入古堡建筑进行旅游开发，推动与传播非物质文化遗产的社会价值、经济价值和文化价值，不仅可以带动旅游文化小镇的经济发展，同时也有利于更好地保护当地非物质文化遗产。

随着旅游市场由大众旅游向小众旅游的转变，旅游消费的新趋势逐渐变为文化性和休闲性为主诉求。而旅游文化小镇融合了文化、娱乐休闲体验等多重旅游功能，成为旅游的热点产品。旅游文化小镇的概念是在小镇的概念基础之上提出的，它拥有较为丰富的自然与人文景观，能提供相应的旅游服务，是在旅游产业集群化发展与城镇化进程双重因素推动下产生的特色小镇。国家发改委于2016年强调，要“结合国家‘十三五’规划实施，在国家层面，引导扶持1000个小城镇发展为特色小镇”。因此，作为魅力小镇的典型代表，旅游文化小镇在国家推进“特色小镇”的建设中起到非常重要的引领作用。旅游文化小镇建设的重点在于彰显其“特色化”；旅游文化小镇的核心在于“泛旅游产业整合”，从而实现小镇的全域旅游发展。旅游产业的整合依托传统的思路可能会是死路一条，而基于科技创新视角的旅游产品创新发展才是正途。科技创新如何与旅游文化小镇建设结合起来成为旅游研究者关注的热点问题。

关于科技创新与旅游文化小镇建设问题，国内许多学者进行了较为深入的探讨。郭琳等[304]认为科技进步的发展为旅游业发展提供了展示手段，它使旅游景区产品开发、设计更趋合理、规范、科学；张捷[305]强调了信息技术、交通技术以及环境科学技术等对旅游发展的多重作用；刘艳[306]详细分析了科技和旅游的内在关联性，揭示了科技与旅游的互动关系；王玥[307]就网络技术给旅游业带来的挑战、高科技对旅游资源的影响和冲击进行了研究。但学者们更多的只是阐述了科技与旅游融合的互动问题，而在推进旅游文化小镇建设过程中，如何运用高科技手段来深度挖掘旅游文化小镇内涵，彰显个性特色并没有太多涉足。因此，研究科技创新与旅游文化小镇建设既具有理论意义也具有现实指导意义。

作为首批入选中国特色小镇的山西省灵石县静升古镇是一个历史悠久、文化底蕴深厚和自然景观独特的千年古镇，其位于山西省晋中市灵石县城东部，2003 年，静升古镇被列为中国历史文化名镇，并位列榜首。同年又被住房和城乡建设部确定为首批全国重点小城镇之一。2006 年以来，先后荣获“山西省环境优美乡镇”“山西省特色景观旅游名镇”“山西省新农村致富技术培训百强乡镇”等。全镇面积 57 平方千米，共有 16 个村委、25 个自然村，人口 2 万余人，静升镇传统文化底蕴深厚，人文景观丰富多彩，有“华夏民居第一宅”、全国重点文物保护单位、4A 级景区——王家大院，其雄宏非凡的规模气势和精湛的三雕艺术，已得到了国内外许多专家学者和游人的广泛认可，被誉为“中国民间故宫”“山西的紫禁城”和“华夏民居第一宅”。有驰名海外的元代古刹——资寿寺，以其珍贵的元代壁画和高超的明代十八罗汉彩塑艺术而闻名遐迩。还有静升村内的后土庙和国内少有的乡村元代文庙，因其各自独特的艺术价值优势，分别被列为国家和省级重点文物保护单位。此外，静升五里明清商业一条街和尚待开发的大片明清时期王氏家族民居群落所展示出的古朴风貌，构成了古镇主景区一道亮丽的风景线。静升古镇还拥有大量的古堡型建筑和非物质文化遗产，这为其开发建设古堡型文化旅游特色小镇奠定了坚实的软硬件基础，这都有利于拓宽山西省创新城镇化发展路径，推动山西省旅游特色小镇多样化、品牌化发展。

灵石县委、县政府在《灵石县国民经济与社会发展第十一个五年规划纲要》中提出灵石的旅游业要“从静态旅游走向动态旅游，从观光旅游走向体验旅游，从门票经济走向旅游经济，从旅游经济走向现代服务经济，全面拓展产业链，充分发挥旅游的龙头带动作用，最大限度地放大旅游的‘乘数效应’”[308]。因此，古堡型文化小镇的发展，必须以“活态化”旅游利用为主导，深化旅游体验，创新旅游产业链，打造特色化的文化旅游小镇。

7.5.1 文化旅游特色小镇开发相关理论

7.5.1.1 驱力理论

驱力理论又称驱力还原学习理论，是心理学研究领域的一个重要理论，是由行为主义理论研究者 C. L · Hull 提出的，并将驱力理论定义为当有机体的需要一旦无法得以满足，就会在机体内部产生刺激，这种内驱力的刺激进而引起反应，最终使需要获得满足[309]。对于一个小城镇的发展，同样需要有一定的驱力刺激，包括经济驱力和社会驱力两种。经济驱力是指可以带动小城镇开发建设以及旅游文化资源挖掘与保护的刺激物；社会驱力是指可以提升旅游特色小城镇的形象和知名度的刺激物。这些刺激物就是当地独特的产业资源、旅游资源和文化资源。而驱力会导致文化旅游区开发和特色小城镇建设之间形成三种驱动模式：单向弱驱动模式、双向强弱混合型驱动模式和双向强驱动模式（见图 7－1）

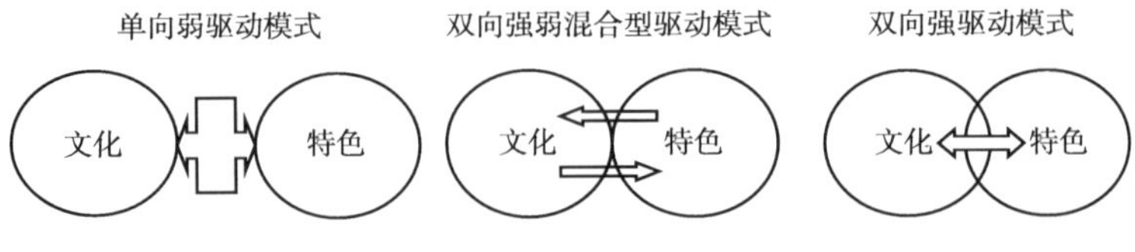

图 7－1 文化旅游区开发和特色小城镇建设之间的三种驱动模式

7.5.1.2　可接受的改变极限（LAC）理论

旅游目的地是一个具备复杂性和综合性的大系统，因此开发者在进行旅游开发的同时应该考虑如何减少产生的负面影响，控制旅游环境容量。据此，美国资源保护专家提出的可接受的改变极限（LAC）理论在解决资源保护与旅游发展之间的矛盾方面发挥了重要作用，并为旅游景区管理提供借鉴。

LAC理论认为当某一地区产生了旅游活动，意味着当地的资源和环境状况就会呈下降趋势。因此，有必要设置一个环境变化的可接受极限，一旦下降到预先设定的极限值时，就必须立即采取行动，避免环境进一步恶化[310]。该理论以利益相关者一方（管理者、旅游者或当地居民）是否“可以接受”为标准，较为客观地反映出旅游开发对当地的影响程度，为合理开发提供一定的依据[311]。

7.5.1.3　昂普分析理论（RMP）

昂谱分析理论（RMP）是吴必虎教授针对区域旅游开发中面临的问题而提出的理论，是以旅游产品为中心，从资源（Resource）、市场（Market）和产品（Product）三方面进行分析，并最终综合得出旅游地区域开发方法，解决区域旅游开发问题的一种规划框架[312]。其中，资源分析包括资源的评价和旅游产品转化；市场分析是分析旅游产品的产品弹性和旅游者的产品选择偏好；而产品分析包括对旅游产品的创新设计和空间布局规划等。RMP分析理论是在传统的资源导向或者市场导向型旅游产品开发的基础上提炼而成，将资源和市场进行综合考量，已成为旅游产品开发中的重要理论。

7.5.1.4　旅游科技创新理论

通过科技创新，推动文化与科技的深度融合和发展，是促进我国旅游文化产业转型发展的必由之路，也是未来旅游文化小镇建设的支撑力量。未来旅游文化小镇的建设也必须依托科技创新才能真正实现小镇的文化旅游特色挖掘和充分展示。科技创新将科学发现和技术发明应用到生产体系，创造新价值的过程[313]，它不仅为文化产业的发展提供了产业支撑，更为其发展催生了文化新业态，拓展了新的文化产业内涵。人类进入新千年以来，以信息网络技术、虚拟现实技术为代表的数字技术正在与传统文化产业逐步深度融合，从而成为推动我国文化产业发展的强劲动力，使传统文化产业的概念发生了翻天覆地的根本变化。培根曾说："在所有的能为人类造福的财富中，再没有什么能比改善人类生活的新技术更加伟大的了。""旅游与科技的密切结合，是未来旅游业发展的重要趋势"[314]，中国旅游业要进一步全面的深度发展，只有不断创新才能适应旅游业市场变化趋势，才能谋求生存和持续发展。"旅游的创新，还需要依托一定的技术和手段，并应用到旅游开发之中，由此产生新的旅游业态和新型旅游产品"[315]。

7.5.2 静升古镇文化旅游小镇打造

根据静升古镇旅游资源类型普查统计（见表 7－1）可知，在全国旅游资源 8 大主类、31 个亚类、155 个基本类型中，静升古镇旅游资源占 6 个主类、15 个亚类和 23 个基本类型。其中主类占全国的 87.5%，亚类占全国的 48.38%，基本类型占全国的 14.83%。对于一个旅游文化小镇来说，旅游资源类型相对比较齐全，种类比较丰富多样。静升古镇文化旅游特色小镇的旅游开发，应深挖文化内涵，注重产品和服务创新，利用互联网的传播渠道，采用文化先导，旅游跟进，保护于内，发展在外的策略，打造"中国静升，活着的古镇"品牌。立足晋中，面向国内、国际市场，围绕"活"字做足文章，紧扣晋商之都、千年古镇等等主要文化脉络，深挖文化内涵，以打造古镇品牌为目标，以产品创新为驱动力，整合古镇院落、传统工艺、生态农业、民间节庆和民俗演艺五大资源，实施"产品破题、项目点睛、空间突围、营销出位、设施提升"五大突破路径。

表7-1　静升古镇旅游文化小镇旅游资源类型表

资源系列	全国类型基本数量	静升古镇旅游资源	
		资源数量	占全国比例（%）
主类	8	6	87.5
亚类	31	15	48.38
基本类型	155	23	14.83

资料来源：据灵石县统计数据整理。

7.5.2.1　静升古镇文化旅游小镇发展理念

以旅游为引导发展新型旅游文化小镇必须坚持“突出亮点、协调发展、可持续发展和科学发展”的理念。静升文化旅游特色小镇在建设过程中秉承这样一种“保护为先，科学发展；文化兴镇，全域旅游”的发展理念。

（1）保护开发理念。秉承“保护中发展，传承中创新”的理念，以建设“美丽乡村”为指导，以再现千年古镇的繁荣风貌为目标，以保护为前提，充分研究古镇的历史价值，人文特色，建筑格局和古镇机理，在保证古镇“核心”特色与整体风貌的前提下，以景观融入，空间叙事的手法，凸显静升古镇的历史人文和社会风貌等，使静升古镇文化旅游小镇能够借助旅游实现可持续性发展。

（2）文化兴镇理念。文化是古镇延续发展的根脉也是古镇吸引力的来源，弘扬静升传统文化，展示静升珍贵的文化内核是留住静升古镇吸引力的保证。在传承的同时，通过科技创新，活化文化的载体，丰富文化的表现形式，在继承中发展和创新静升古镇文化，使静升古镇成为文化的传承区和示范区，保证古镇持久的活力和生命力。

（3）产业惠民理念。着眼于古镇的长期发展，充分发挥旅游业强烈的产业带动作用，通过产业融合发展，让更多的本地居民参与到旅游产业当中，带动特色饮食、老屋民宿、旅游商品产业，使旅游业成为支撑古镇发展的主导产业，带动本地就业和旅游富民。

（4）全域旅游发展理念。实施旅游全产业链带动战略，以静升古镇为核心，联动周边乡村、景区，推进静升古镇全域旅游发展。静升古镇把旅游业作为优势产业，通过对静升古镇经济社会资源尤其是旅游资源、相关产业、生态环境、公共服务、体制机制、政策法规、文明素质等进行全方位、系统化的优化提升，实现静升古镇资源有机整合、产业融合发展、社会共建共享，以旅游业带动和促进静升的经济发展。

7.5.2.2 静升古镇文化旅游小镇特色旅游产品体系构建

建立健全符合静升古镇文化旅游小镇旅游发展新需求的产品体系，充分发挥优质资源，围绕旅游市场新需求，打造休闲化、多元化、新业态的旅游产品体系，发展古镇观光旅游、文化休闲旅游、民俗度假旅游、农业乡村旅游、专项旅游五大旅游产品。

（1）古镇观光旅游。以古镇古建筑为重点，修缮古建筑群落，复活古代生活场景，通过古建与现代影像技术的结合，开发古代生活4D展示，虚拟显示互动等产品，通过文化博览、生态观光的方式，抓住文化休闲市场需求趋势，将静升古镇建设成为产品丰富、业态多样、功能完善的建筑景观博览、园林赏析、文化欣赏等一系列休闲旅游项目。通过王家大院、红庙和文笔塔等古建筑群，现存大大小小的店铺、典当行、估衣店、水井、石板小路、戏台等支撑项目来完成。

（2）文化休闲旅游。以静升古镇的千年文化为吸引核，从古建、历史、民俗、节庆等四个方面，展现“怀古、感叹、欣赏、留恋”旅游情感，开发民俗体验、演艺观赏、节庆体验等旅游产品。以创新工艺品制作体验为重点，以文化创意为核心，以旅游商品为突破点，以节庆活动为吸引点，以商业贸易为经济增长点，设计互动式、参与式的多元体验方式，提升民俗文化、歌舞文化、仕官文化的感受度，打造文化休闲旅游名镇。以社火节、寒食节、灵石文化旅游节等各种民俗节日；以踩高跷、背棍、翘杆、抬阁、推车、旱船、竹马、跑驴、独龙杆、龙鼓舞等传统的民俗文化活动；资寿佛教庙会和文庙庙会等特色庙会；王家豆腐、各种面食、面塑等民俗饮食等，通过民俗节庆旅游资源的开发来实现文化休闲旅游。

（3）民俗度假旅游。充分利用民俗文化特色和古镇空间，将民俗文化嵌入到古镇各角落之中，开发高端旅游度假细分市场，紧抓深度旅游爱好者、艺术爱好者、家庭团体游客、企业商务团体游客等细分客源市场，开发旅居度假、艺术休闲、家庭亲子、商务度假旅游产品，打造古镇高端度假旅游目的地。以静升古镇耕读文化、晋商文化、儒学文化、建筑文化、民俗文化为核心，以资源为依托，以市场为主导，对众多资源进行有效修缮、整合利用。通过对静升古镇众多文化的挖掘，以人本化、体验化、智慧化的方式，将钟灵毓秀的黄土塬山水和古老纯朴的古镇风情完美结合，进而打造自然加人文原生态的文化旅游区典范，以适应众多游客的多样化需求。

（4）专项旅游。依托静升古镇历史民俗、生态田园、文化景观等资源，打造自驾野营、美食餐饮、研学教育、商贸购物四大专项旅游产品。以自驾旅游和美食旅游为重点，建设自驾车营地、传统晋中美食等项目，通过美食业态的引导，激发研学群体和购物群体。以自驾车营地、传统晋中美食、三晋传统手工艺博览园、民俗展览馆等支撑项目实现。

7.5.3　以科技创新，打造静升古镇文化旅游小镇“智慧景区”

在文化旅游盛行的年代，游客的旅游体验不仅仅是满足“看”，更多的是追求过程“三性”，目标“三感”和动机“三求”[316]。过程“三性”是可感知性、可理解性以及可参与性。这是旅游体验经营的关键所在；目标“三感”是指新鲜感、亲切感和满足感，这是旅游体验要达到的终极目标；动机“三求”是指求补偿、求解脱和求刺激，这是旅游体验得以形成的核心动力[316]。特色小镇旅游发展也必须把更多的注意力放到关注个性化、特色化、差异化的旅游体验旅游产品塑造上来。

旅游文化小镇建设的目的就是要更好地保护和传承历史文化遗产，促进当地经济、社会和环境协调发展[317]。集文化、休闲性和娱乐等为一体的旅游文化小镇的旅游模式成为最受人们追崇的外出旅游的形式[318]。旅游文化小镇建设将推动全域旅游的大发展。科技创新的旅游文化小镇建设将更有助于小镇文化内涵的“活化”，有助于挖掘特色文化，以及有助于特色小镇的旅游产品体系的完善和塑造特色化的旅游体验产品。通过科技创新“活化”小镇非物质文化遗产为非物质文化遗产融入小镇特色旅游发展奠定坚实基础。

7.5.3.1 以科技创新构建旅游文化小镇支撑体系

借助于现代信息技术等科技创新手段为旅游者出游提供便捷条件成为核心关注问题。信息化、智慧化的旅游文化小镇建设有利于打造“智慧景区”“智慧小镇”，才能更好地推动旅游小镇的健康发展。

静升古镇旅游小镇数据中心建设。建设静升古镇景区多网互联数据中心，既包括了IT基础设施，如服务器、存储、网络及安全设备的部署，还包括为这些设施配套的机房设施建设。在此基础上的网络系统构建，以泛在的、宽带的、高速的网络基础设施作为信息系统的信息传输载体，通过构建光纤数据网络、无线WIFI网络、移动通信网络、无线对讲网络、传感器网络等，在景区形成多层次的、全覆盖的通信网络体系。

建设静升古镇旅游小镇软件支撑系统和监控调度中心。构成小镇数据中心的基础软件主要包括数据库系统和地理信息系统。监控调度中心主要包括集中设置视频、GPS监控指挥、接处警等系统，并可利用大屏幕设备结合GIS地图，放大和定位重要位置的视频和监控电子地图等。

7.5.3.2 以科技创新构建旅游文化小镇应用系统

旅游小镇应用系统包括网络协同办公系统、视频监控与分析系统、指挥调度系统、售检票系统、导游管理与自助导览系统、信息发布与互动查询系统、移动应用系统、景区电子商务系统以及数字虚拟景区和虚拟旅游九大方面。

网络协同办公系统能够实现景区部门与部门以及员工之间的协同办公，以提高办公效率，实现资源共享，提供一个简单、高效、快速的办公平台，完成工作人员的网上协同工作，实现网络智能化办公。视频监控系统是“通过摄像头采集重要景点、客流集中地段、事故多发地段等地的实时场景视频数据”[319]，有效整合的基础上，“利用有线或无线网络传输至指挥调度中心，供工作人员实时监视各类现场”[320]，从而有效保障游客疏导、灾害预防、应急预案等制定、实施。指挥调度系统包括景区值守、智能处置、决策会商、远程指挥、应急联动等功能，协助景区指挥人员有效部署和调度景区队伍、景区物资、景区装备等资源，可实时或及时将相关任务指令、事件发展情况和景区处置状况传递给相关人员，结合监控画面和 GIS 地图，实现可视化协调指挥、有序调度、有效监督。

售检票系统（电子门票、门禁）由售票、检票、中心管理与结算系统、门闸机等构成。该系统配有“手持移动终端设备，能够实现对门票的自动识别检票。电子票的购买支持手机支付或者网上金融支付等方式”[321]。导游管理与自助导览系统是与售检票系统匹配的管理系统。通过导游管理系统的建设，实现导游级别、导游信息管理、导游评级、导游预约、导游排班、导游评价等功能，通过游客对导游的评价及管理，可实现对导游队伍的监督和管理。静升古镇景区自助导览系统以旅游数据中心为支撑，结合地理信息数据库，打造数字旅游地图和自助语音导游。自助导游硬件设备“能显示景区导游图，支持无线上网，支持全球定位系统，完成自助导游讲解”；“能提供手机自助导游软件下载，通过智能手机等设备完成景区地图查询搜索、游览线路选择、景点自助讲解等功能”[322]。信息发布与互动查询系统是与售检票系统与导游服务系统紧密联系的一个子系统。它包括游客互动及投诉联动服务平台、呼叫服务中心、建设多媒体展示系统，在游客服务中心、售票处、主要景点及游览线路等位置放置信息查询、预订终端（多媒体触摸屏）。景区电子商务系统（门户网站和电子商务）是静升古镇“旅游官网”。游客通过网站可查询旅游目的地及旅游各要素信息；查看景区旅游动态；购买、预订门票、旅游商品、线路、酒店；在线咨询问题等。景区管理单位可通过网站发布景区的信息如旅游线路、折扣信息、新闻、门票、旅游商品网上销售预订、促销信息、招商项目等。通过该四大系统能够迅速完成旅游者入园、导览与信息收集的目标。

小镇旅游移动应用系统。通过构建手机支付系统，联合微信、支付宝等手机支付终端，推出静升古镇“旅游钱包”应用。推出静升古镇“旅游通”手机应用。通过静升古镇旅游数据中心，可使用静升古镇“旅游通”智能手机APP。

数字虚拟景区和虚拟旅游。“运用三维全景实景混杂现实技术、360实景照片或视频等技术”[323]完成旅游文化小镇的数字虚拟景区，实现文化小镇的虚拟旅游。数字虚拟景区和虚拟旅游平台能在互联网、景区门户网站、景区触摸屏导览机、智能手机等终端设备上应用。

7.5.3.3 以科技创新构筑旅游文化小镇旅游保障体系

完整的旅游过程既包括游前，也包括游中和游后的体验。因此通过数字虚拟景区和虚拟旅游等宣传固然重要，但旅游后的后续管理更为重要。建立和健全旅游管理制度显得尤为迫切。我国在“智慧景区”的建设中，国务院、旅游局、建设部等国家或行业主管部门均有针对性的颁布了政策法规和指导规范，这些都将成为智慧建设过程中的重要参考和遵守的依据。同时根据发展的需要，景区也会制订一些适合自身需要的管理制度，这些都将成为智慧景区保障体系建设的重要组成部分。

建立良好的旅游组织架构和运维保障。在智慧景区建设和运营过程中，要明确规定景区管理部门的职责，各个部门各司其职并且相互协作、相互监督，最终实现景区和城市环境的协调发展。良好的运维保障能够保证旅游的体验完整性以及旅游出游满意度，从而建构旅游业的良性业态。利用IT运维管理工具能够对运行环境中的各种设备及软件进行有效的管理。其监控的主要目标包括：主机服务器（操作系统）、数据库、网络设备、磁盘阵列、中间件、WEB服务。

总之，科技创新能够开创旅游文化小镇建设的美好明天，以开发智能终端应用，完善智慧化旅游，完善精细化管理，打造旅游文化小镇的科技支撑体系、应用体系、保障体系，从而实现“中国静升，晋商古镇”品牌，实现“美丽乡村”的梦想。

第 8 章

研究结论和展望

本书着重分析了文化生态保护区文化生态保护与旅游发展互动关系，尤其是晋中文化生态保护实验区非物质文化遗产"活态化"旅游利用问题，提出研究的创新点，并讨论本书存在的不足之处，最后对后续的研究提出展望。对文化生态保护实验区非物质文化遗产旅游的研究是非常艰难的理论跋涉探究，非物质遗产的丰富性、多样性、包容性与动态发展性，非物质文化遗产和与它相关的物质文化遗产、自然遗产等一起体现出了当地文化形态的突出特质，具有地域特色性，给本书的研究带来很多的挑战与困难，在研究和写作过程中，拜访了文化遗产研究方面的专家学者，又在"故纸堆"里找寻历史。这样的研究也促使笔者不断深化对文化生态保护实验区以及非物质文化遗产的认知。

非物质文化遗产的合理保护与"活态化"旅游开发成为一种不可逆转的趋势，如何才能做到适度的开发利用，以传承祖先遗留给我们的宝贵财富，引起了学术界及业界对这个问题的高度关注。笔者尝试对山西省非物质文化遗产的时空分布特性、晋中文化生态保护实验区文化生态保护、晋中文化生态区非物质文化遗产保护与旅游利用模式研究、晋中文化生态保护实验区非物质文化遗产价值及其时空分布、晋中文化生态保护实验区旅游文化小镇建设等方面进行了探索，并针对上述问题提出具体的建议。

8.1 研究结论

本书从晋中文化生态保护及非物质文化遗产旅游研究热点问题入手，确立研究目标、思路、重点难点，阐述研究的现状、相关概念以及研究理论基础，山西省非物质文化遗产时空分布，晋中文化生态保护实验区文化生态保护原则，晋中文化生态保护实验区非物质文化遗产历史文化价值、旅游价值及时空分布特征，晋中文化生态保护实验区非物质文化遗产旅游利用模式以及晋中文化生态保护实验区非物质文化遗产旅游开发策略等。结合本研究提到的具体研究设计思路，可以得到下列研究结论。

（1）文化生态保护（实验）区的文化生态保护有利于非物质文化遗产的整体保护，文化生态保护对于文化旅游发展具有重要的作用。文化生态保护（实验）区要对特定文化形态有一个整体性的认知和把握，不能局限于对非物质文化遗产名录项目的保护，而是对保护区内非物质文化遗产项目之间的关联性，非物质文化遗产和物质文化遗产之间的关联性，非物质文化遗产、物质文化遗产与自然遗产之间的关联性的整体把握；是对文化遗产与当地文化形态的关联性、对环境变迁而引起非物质文化遗产生存状况的变化、对特定文化形态的当代发展的研究。特有的文化生态是未来旅游业的主要依托和旅游业态开拓的重要方向，文化生态保护区各种遗产文化（包括物质文化遗产、非物质文化遗产）的挖掘深度和展现内容直接影响着旅游者的旅游体验。文化生态保护的主体是生产、生活于特定环境中的社区居民，也是保证文化活态生存、可持续利用与发展的基础。保护特定区域的文化生态，就是保护和建构区域文化的传承机制、建立和完善传统文化的适应机制、建立本土文化与外来文化的交流机制、文化生态建设与自然生态建设的结合机制。保护非物质文化遗产的“活态保护”应是非物质文化遗产的传承人、非物质文化遗产的空间和非物质文化遗产的时间三个部分组成一个动态的文化场，在这个场中进行着疏通传承渠道、存留文化空间和延续文化时间的工作，以达到非物质文化遗产保护的目的。通过保护促进传承，又在传承中得到保护。如何能够更好地实现这一保护的目标，旅游利用是达到文化遗产“活态保护”的最有效的途径。对原生态文化遗产整合开发有利于文化保护的统一性与坚实性，文化生态旅游是保护文化多样性的重要途径，而旅游开发带来的资金是对原生态文化保护的保障。寻求文化生态保护与旅游可持续发展的良性互动机制成为学者们的研究热点，并取得了一定的成果。

（2）晋中文化生态保护实验区非物质文化遗产赋存时空差异性较大，应该合理的旅游利用。非物质文化遗产是社会的“活化石”，它记录了一个民族文化遗产的发展历史和进程。晋中文化生态保护实验区是特定文化地域区，留存的非物质文化遗产就是这些文化的活性基因，是这些文化在现代的真实体现，其对传承中华民族的文化具有重要意义。晋中文化生态保护实验区非物质文化遗产赋存度高。因为具有“日常生产生活”的地域文化差异，晋中文化生态保护实验区非物质文化遗产成为吸引旅游者的新动力。作为一种产生于民间的文化形式，非物质文化遗产由民众创造、使用、传承、发展和完善，是民众生活的活态产物，所以民间性这一特质决定其必然具有强烈的参与性和体验性。地域性是非物质文化遗产的典型特征，是一个地域民间生产方式与生活形态的艺术化印象，同时也是旅游产业发展的重要因素。

（3）晋中文化生态保护实验区非物质文化遗产“活态化”利用是需要一种特定模式的。博物馆模式、文化生态保护区（村）模式、文化旅游小镇模式都是一种有效的模式。科技创新有利于晋中文化生态保护实验区非物质文化遗产旅游“活态化”利用。晋中文化生态保护实验区，“农”“儒”“商”“乐”“武”的有机结合和直接体现最典型的表现就是在其文化生态保护区域内保留有大量古朴厚重、极富历史底蕴和文化内涵的古村镇。这些古村镇融合了非物质文化遗产的要素，高度凸显了晋中文化生态特色。文化生态保护（实验）区非物质文化遗产开发模式主要有静态和活态开发两种形式。其中静态开发主要是博物馆模式和文化生态保护区模式，而动态开发主要是文化旅游小镇及节庆模式等。一是，晋中博物馆模式能够很好保护非物质文化遗产。二是，文化生态保护（实验）区模式是指对传统文化生态保持较完整并具有特殊价值的村落或特定区域，进行动态整体性方式的保护。通过文化生态保护（实验）区模式，能够对那些文化遗产丰富且价值突出、生态环境保持良好的部分街区、乡镇、村落作为核心重点保护区域进行综合性整体保护。同时通过对传统民居、建筑、历史文化街区的保护，通过手工技艺的生产性保护与传统生计的利用，通过民间习俗和传统节庆活动，促进重点区域并带动整个保护区的生态、文化、社会、政治、经济全面协调可持续发展，真正达到“活态化”

旅游利用目的。三是，文化旅游特色小镇除了依托重要的物质性文化遗产（如民居建筑）之外，特色化的生活习俗和民间技艺等非物质文化遗产也是构成当地与众不同魅力的重要元素。文化旅游小镇模式对非物质文化遗产能够有效保护并融入旅游特色小镇开发与利用之中，是一种有效的非物质文化遗产活化利用模式。

8.2 不足及展望

对晋中文化生态保护实验区文化生态保护与旅游发展互动的研究涉及文化生态、文化遗产保护、文化遗产活化、历史文化、旅游利用模式、文化创意等多个领域内容；涉及物质文化遗产、非物质文化遗产体验理论；涉及生态旅游理论以及系统论，所以在驾驭该研究过程中还存在一定的不足和疏漏。

（1）对山西省尤其是晋中文化生态保护实验区非物质文化遗产的文化价值、旅游价值挖掘还有待深入。

（2）鉴于研究案例仅仅局限于晋中文化生态保护实验区，研究结论有待进一步完善。鉴于本书在选择样本的时候仅仅是选取了有一定的特色文化代表性的晋中文化生态保护实验区，但是该研究结论不一定全面。今后在研究过程中宜结合全国其他文化生态保护区的发展做一个全面的阐述，从而使研究结论更为全面、科学和合理。

（3）对晋中文化生态保护实验区非物质文化遗产“活态化”利用模式还需要进一步深化。非物质文化遗产在进行旅游开发的同时，应首先保护其原生性，才能更好地传承，采取保护与开发相结合的方式，以保护拉动开发，以开发促进保护，适度开发、合理利用。探究非物质文化遗产活态化利用模式成为非物质文化遗产保护的一个重要方面。本书尽管提出来四种文化生态保护实验区非物质文化遗产“活态化”利用模式，但是相较于浩瀚的晋中文化生态保护实验区繁多的各种非物质文化遗产，这些模式还是不够的，还需要进一步探究，尤其是需要紧紧结合科技创新视角不断深化非物质文化遗产“活态化”利用的途径。

参考文献

[1] 国家级文化生态保护区［EB/OL］. https：//baike. so. com/doc/2151108 –2275974. html.

[2] 文斌. 基于系统视角的文化生态旅游和谐发展探析［J］. 生态经济，2012（9）：132 –135，140.

[3]［美］朱利安·H·斯图尔特. 文化生态学［J］. 潘艳，陈洪波，译. 南方文物，2007（2）：107 –112.

[4] 曹诗图，廖荣华，等. 社会发展地理学概论［M］. 武汉：中国地质大学出版社，1992.

[5] 孙兆刚. 论文化生态系统［J］. 系统辨证学学报，2003，11（3）：100 –103.

[6] 董天策. 新媒体与文化生态的重构［J］. 西南民族大学学报（人文社科版），2018，39（1）：146 –150.

[7]［249］方李莉. 文化生态失衡问题的提出［J］. 北京大学学报（哲学社会科学版），2001（5）：105 –113.

[8] 吴圣刚. 文化的生态学阐释和保护［J］. 理论界，2005（5）：148 –149.

[9] 孙卫卫. 文化生态——文化哲学研究的新视野［J］. 江南社会学院学报，2004，6（1）：59 –61.

[10] 钟淑洁. 积极推进文化生态的健康互动［J］. 长白学刊，2001

(6)：79－81.

［11］郑先瑞．试论文化生态及其研究意义［J］．华中师范大学学报（人文社会科学版）．2003，42（1）：93－97.

［12］梁渭雄，叶金宝．文化生态与先进文化的发展［J］．学术研究，2000（11）：5－9.

［13］［33］张松．文化生态的区域性保护策略探讨——以徽州文化生态保护实验区为例［J］．同济大学学报：社会科学版，2009，20（3）：27－35，48.

［14］罗昌勤．文化生态学视域下探析多民族地区文化融合与社会和谐［J］前沿，2012（11）：157－159，172.

［15］文斌．基于系统视角的文化生态旅游和谐发展探析［J］．生态经济，2012（9）：132－135，140.

［16］杨大明．试论文化生态旅游的发展——以绍兴为例［J］．绍兴文理学院学报，2007，27（1）：24－28.

［17］李贵卿，黄萍，王裴，等．西部民族文化生态旅游开发模式和策略研究［J］．资源开发与市场，2007，23（4）：364－365.

［18］潘鲁生．关注旅游文化——少数民族文化生态保护与旅游资产开发［J］．山东社会科学，2000（5）：108－109.

［19］［39］［255］文红，唐德彪．民族文化多样性保护与文化旅游资源适度开发［J］．安徽农业科学，2007，35（9）：2700－2702，2715.

［20］黄安民，李洪波．文化生态旅游初探［J］．桂林旅游高等专科学校学报，2000，11（3）：56－58.

［21］江金波．论文化生态学的理论发展与新构架［J］．人文地理，2005，20（4）：119－124.

［22］文斌．基于系统视角的文化生态旅游和谐发展探析［J］．生态经济，2012（9）：132－135，140.

［23］王丹．从文化关系推进文化生态保护实验区建设［J］．中南民族大

学学报（人文社会科学版），2018，38（4）：38－42.

［24］王艳，王帅．辽东文化生态保护区建设问题研究——基于文化整体保护的视角［J］．大连民族大学学报，2018，20（4）：299－304.

［25］黄小驹，陈至立．加强文化生态保护提高文化遗产保护水平［N］．中国文化报，2007－04－01（01）.

［26］张玉玲．文化生态保护实验区：如何让更多人受益［N］．光明日报，2017－08－19（12）.

［27］徐嵩龄．我国遗产旅游的文化政治意义［J］．旅游学刊，2007，22（6）：48－52.

［28］［29］［30］梁学成．对世界遗产的旅游价值分析与开发模式研究［J］．旅游学刊，2006，21（6）：16－22.

［31］邬建国．景观生态学：格局、过程、尺度与等级［M］．北京：高等教育出版社，2007：17.

［32］庄莉．要以整体观视角看待文化生态保护区建设［N］．中国文化报，2018－11－19（12）.

［34］卞利．文化生态保护区建设中存在的问题及其解决对策——以徽州文化生态保护实验区为例［J］．文化遗产，2010（4）：24－30，66，158.

［35］田玉成．文化生态保护区——“非遗”保护的成功之道［J］．湖北师范学院学报（哲学社会科学版），2010，30（4）：38－40.

［36］李彪．文化生态保护区区域性整体保护模式研究［J］．山西财经大学学报，2012，34（1）：273.

［37］［49］［56］刘登翰．文化生态保护的几点理论思考［J］．福建论坛，2009（8）：116－121.

［38］王丹丹．闽南文化生态保护实验区之民间音乐生态保护的思考［J］．艺术百家，2008，102（3）：194－197.

［40］龚璇．民间原生态文化的传承保护与开发利用研究——以“三省坡”侗族文化旅游为例［J］．新西部，2010（24）：91－92.

[41] 刘守华．论文化生态与非物质文化遗产保护［J］．华中师范大学学报（人文社会科学版），2006，45（5）：109－112.

[42] 阚如良，李肇荣．论旅游开发与非物质文化遗产传承［J］．旅游论坛，2008，1（3）：361－365.

[43] 郑玉玉．旅游与文化生态保护研究进展［J］．云南地理环境研究，2012，24（1）：105－110.

[44] 李智伟，张超．旅游开发中贵州民族村寨文化遗产的保护［J］．西南民族大学学报（人文社科版），2008，208（12）：73－76.

[45] 高梧．非物质文化遗产保护中的“活态保护”［J］．绵阳师范学院学报，2007，26（7）：127－130.

[46] 马木兰，汪宇明．非物质文化遗产旅游产品化的转型模式［J］．桂林旅游高等专科学校学报，2008，19（2）：282－287.

[47] 梁章萍．表演艺术类非物质文化遗产旅游开发的活化研究［J］．中国商贸桂林旅游高等专科学校学报，2011（7）：165－166.

[48] 毕学成，苏勤．文化生态保护实验区旅游开发机制研究［J］．安徽师范大学学报（自然科学版），2017，40（1）：89－94.

[51] 郑晓祥，封秀玉，郑伯红．论区域文化景观的旅游开发——以湖南名人名胜资源为例［J］．邵阳学院学报（自然科学版），2003，2（5）：133－135.

[52] 谢新华．体验经济及其基本特征［EB/OL］，http//www. amteam. org/print. aspx? id.［2003－07－30］（2012－8－29）.

[53]［54]［55] 约瑟夫·派恩，詹姆斯·吉尔摩．体验经济［M］．夏业良，等，译．北京：机械工业出版社，2002.

[56] 谢彦君，吴凯．期望与感受：旅游体验质量的交互模型［J］．旅游科学，2000（2）：1－4.

[57] 谢彦君．旅游体验——旅游世界的硬核［J］．桂林旅游高等专科学校学报，2005，16（6）：5－9.

[58] 谢彦君．旅游体验的情境模型：旅游场［J］．财经问题研究，2005

(12)：64－69.

[59] 谢彦君．旅游体验的两极情感模型：快乐—痛苦 [J]．财经问题研究，2006 (5)：88－92.

[60] 邹统钎，吴丽云．旅游体验的本质、类型与塑造原则 [J]．旅游科学，2003 (4)：7－10，41.

[61] 宋咏梅，孙根年．论体验旅游的理论架构与塑造原则 [J]．社会科学家，2006 (6)：115－119.

[62] 袁国宏，张月芳．基于体验经济理论的旅游产品价值分析 [J]．桂林旅游高等专科学校学报，2006，17 (4)：399－403.

[63] 谢彦君．基础旅游学 [M]．北京：中国旅游出版社，2011：238－247.

[64] 张宁宁，庄志民．体验经济视野中的节事类旅游产品设计研究 [D]．上海：华东师范大学，2004：7－9.

[65] 马斯洛，等．人本主义心理学译文集//林方主编．人的潜能和价值 [M]．北京：华夏出版社，1987：366.

[66] [205] 孙根年．论我国主题公园建设的几个理论问题 [J]．陕西师范大学继续教育学报，2006，23 (2)：121－124.

[67] [275] [316] 张建忠，孙根年．遗址公园：文化遗产体验旅游开发的新业态——以西安三大遗址公园为例 [J]．人文地理，2012，27 (1)：142－146.

[68] 王艳平．遗产旅游管理 [M]．武汉：武汉大学出版社，2008：126－127.

[69] [美] 威廉·瑟厄波德．全球旅游新论 [M]．张广瑞，译．北京：中国旅游出版社，2001：399－408.

[70] [71] 孙根年，邓祝仁．旅游体验的意义、经营理念和成功案例——陕西师范大学旅游管理博士点学术带头人孙根年教授访谈 [J]．社会科学家，2007 (3)：3－5.

[72] 宋咏梅．关于体验旅游的特点与设计原则 [J]．特区经济，2007 (1)：178－179.

［73］艾佩，梁留科．基于体验经济理论的文化遗产旅游研究［J］．许昌学院学报，2007，26（5）：122－125.

［74］喻学才．遗产活化：保护与利用的双赢之路［J］．建筑与文化，2010（6）：16－20.

［75］喻学才．遗址论．东南大学学报（哲学社会科学版）［J］．2001，3（2）：45－49.

［76］［179］［278］张建忠，孙根年．基于文化遗产视角的陵墓遗址旅游开发——以乾陵、西夏王陵和明十三陵为例［J］．经济地理，2011，31（11）：1937－1942.

［77］［78］张建忠，孙根年．遗址公园：文化遗产体验旅游开发的新业态——以西安三大遗址公园为例［J］．人文地理，2012，27（1）：142－146.

［79］徐嵩龄．论碧峰峡旅游开发模式的意义［J］．四川师范大学学报，2005（1）：41－47.

［80］［316］张建忠，孙根年．遗址公园：文化遗产体验旅游开发的新业态——以西安三大遗址公园为例［J］．人文地理，2012，27（1）：142－146.

［81］中国古迹遗址保护协会．第十五届国际古遗址大会发表《西安宣言》［EB/OL］．http：//www.ieomosehina.org.en/ggfb/24843.aspx.

［82］［83］喻学才，王健民．世界文化遗产定义的新界定［J］．华中建筑，2008，26（1）：20－21.

［84］［90］国家“十一五”时期文化发展规划纲要［EB/OL］．http：//www.gov.cn/jrzg/2006－09/13/content_388046_9.htm.

［85］高建明．论生态文化与文化生态［J］．系统辩证学学报，2005，13（3）：82－85.

［86］孙兆刚．论文化生态系统［J］．系统辩证学学报，2003，11（3）：100－103.

［87］魏美仙．文化生态：民族文化传承研究的一个视角［J］．学术探索，2002（4）：106－109.

［88］李平．文化生态学研究进展及理论构建［J］．佛山科学技术学院学报（社会科学版），2015，33（2）：70－77.

［89］龙迪．国外文化生态保护区规划研究［D］．南京：东南大学，2016：18.

［90］国家“十一五”时期文化发展规划纲要［EB/OL］．http：//www. gov. cn/jrzg/2006－09/13 content_388046_8. html.

［91］国家级文化生态保护区［EB/OL］．https：//baike. so. com/doc/2151108－2275974. html.

［92］宋俊华．关于国家文化生态保护区建设的几点思考［J］．文化遗产，2011（3）：1－7.

［93］文化和旅游部出台《国家级文化生态保护区管理办法》［EB/OL］．http：//www. gov. cn/xinwen/2018－12/24/content_5351632. htm.

［94］闫琪，侯晓斌．山西文化生态保护实验区建设研究［J］．经济师，2018（12）：26－27.

［95］马建华．闽南文化生态保护实验区建设情况简介［J］．福建艺术，2008（3）：17－21.

［96］徽州文化生态保护实验区［EB/OL］．https：//baike. so. com/doc/5303792－5538613. html.

［97］杨自沿，仲新春．热贡文化生态保护区建设问题探析［J］．青海社会科学，2010（3）：118－121.

［98］羌族文化生态保护实验区［EB/OL］．https：//baike. so. com/doc/1615932－1708287. html.

［99］土家族苗族文化生态保护实验区［EB/OL］．https：//baike. so. com/doc/9555417－9900160. html.

［100］国家级海洋渔文化（象山）文化生态保护实验区领航前行［J］．宁波通讯，2013（21）：4.

［101］孙建军．面对大海的敬畏与坚守——中国海洋渔文化生态保护的

"象山标本"精读［J］. 今日浙江，2013（8）：56－57.

［102］羌族文化生态保护实验区（陕西省宁强县、略阳县）［EB/OL］. https：//www. ihchina. cn/project_details/21308/.

［103］客家文化（梅州）生态保护实验区［EB/OL］. https：//baike. so. com/doc/26211065－27431084. html.

［104］邱国锋，谢莉. 试论客家文化生态保护与旅游开发——以"世界客都"梅州为例［J］. 嘉应学院学报（自然科学版），2011，29（2）：71－78.

［105］让传统文化"活色生香"——迪庆州推进文化生态保护实验区建设［EB/OL］. http：//special. yunnan. cn/feature15/html/2017－10/09. html.

［106］云南大理设立文化生态保护实验区［EB/OL］. http：//culture. people. com. cn/GB/14231786. html.

［107］国家级陕北文化生态保护实验区［EB/OL］. https：//baike. so. com/doc/4131889－4331425. html.

［108］梁世甲. 文化生态保护实验区建设存在的问题及其解决对策——以铜鼓文化（河池）生态保护实验区为例［J］. 文艺生活，2018（6）：187－188.

［109］吴平. 文化部批准设立黔东南州民族文化生态保护实验区［J］. 2013，5（1）：143.

［110］客家文化（赣南）生态保护实验区［EB/OL］. https：//baike. so. com/doc/26233245－27460596. html.

［111］桑子文，金元浦. 中国文化生态保护实验区保护传承理论创新——以格萨尔文化（果洛）生态保护实验区为中心［J］. 福建论坛，2018（4）：64－72.

［112］马垚. 关于国家级文化生态保护区建设的思考——以武陵山区（鄂西南）土家族苗族文化生态保护实验区为例［J］. 戏剧之家，2019（19）：207，216.

［113］魏锦. 武陵山区（渝东南）土家族苗族文化生态保护实验区建设的相关政策及分析［J］. 重庆文理学院学报（社会科学版），2016（1）：32－36，50.

[114] 戎章榕. 借鉴与创新——关于客家文化（闽西）生态保护实验区建设的若干思考 [J]. 统一论坛，2017 (6)：79－81.

[115] 周小岩. 说唱文化（宝丰）生态保护实验区发展现状与对策建议 [J]. 河南工程学院学报（社会科学版），2018，33 (3)：85－87.

[116] 藏族文化（玉树）生态保护实验区 [EB/OL]. https：//baike.so.com/doc/26282383－27518906.html.

[117] 河洛文化生态保护实验区 [EB/OL] https：//www.henan100.com/news/2020/941223.shtml.

[118] "景德镇陶瓷文化生态保护实验区"获批复 [EB/OL] https：//jiangxi.jxnews.com.cn/system/2020/06/10/018923915.shtml.

[119] 乌丙安. 关于文化生态保护区建设基本思路和模式的思考 [J]. 四川戏剧，2013 (7)：19－22.

[120] 杨芬，丁杨. 亨利·列斐伏尔的空间生产思想探究 [J]. 西南民族大学学报（人文社科版），2016 (10)：183－187.

[121] 王秀伟，延书宁. 从场所到场域：文化生态保护实验区的空间转变 [J]. 民族艺术研究，2020 (1)：152－160.

[122] 国家级文化生态保护区管理办法 [EB/OL]. http：//www.gov.cn/xinwen/2018－12/25/content_5352070.html.

[123] 陈华文，陈淑君. 中国文化生态保护区的实践探索研究 [J]. 浙江师范大学学报（社会科学版），2016，41 (2)：1－18.

[124] 赵鸣. 构建区域性文化生态保护区的基本原则——以江苏连云港文化资源和文化建设作为参照系 [J]. 淮海工学院学报，2010，8 (12)：1－4.

[125] 教科文组织通过《保护非物质文化遗产国际公约》 [EB/OL] http：//news.xinhuanet.com/world/2003－10/18/content_1130217.htm.

[126] 刘玉清. 把非物质文化遗产推向休闲市场 [J]. 价格与市场，2003，(3)：24－25.

[127] 王燕琦. 非物质文化遗产亟待抢救保护 [N]. 光明日报，2002－

1 - 20 (A01).

［128］田阡．重庆市非物质文化遗产研究与保护对策［J］．西南大学学报（社会科学版），2008，34（5）：177 - 184.

［129］陈勤建．当代民众日常生活需求的回归和营造——非物质文化遗产保护方式暨生产性方式保护探索［J］．徐州工程学院学报（社会科学版），2012，27（2）：49 - 54.

［130］徐杰，吴承照，王莫迪．非物质文化遗产主题式开发的实践与思考——以石林民俗文化主题园为例［J］．中国园林，2013（1）：60 - 64.

［131］黄跃平．非物质文化遗产的保护与开发——以桂林为例［J］．社会科学家，2011（2）：159 - 161.

［132］吴媛媛，颜节礼．苏南国家级非物质文化遗产文化旅游开发潜力研究［J］．地域研究与开发，2013，32（5）：157 - 162.

［133］Wang Y，Bramwell B. Heritage protection and tourism development priorities in Hang - zhou，China：A political economy and governance perspective［J］．Tourism Management，2012（33）：988 - 998.

［134］Gonzalez M V. Research note Intangible Heritage tourism andidentity［J］．Tourism Manag - ement，2008（29）：807 - 810.

［135］Yu Park H. Shared national memory as Intangible Heritage reimagining two Koreas as one Nation［J］．Annals of tourism Research，2011，38（2）：520 - 539.

［136］Nur Izzati Mohd Rodzi，Saniah Ahmad Zaki，Syed Mohd Hassan Syed-Subli. Between Tourism and Intangible Cultural Heritage［J］. Procedia Social and Behavioral Sciences，2013（85）：411 - 420.

［137］［192］程乾，凌素培．中国非物质文化遗产的空间分布特征及影响因素分析［J］．地理科学，2013，33（10）：1166 - 1172.

［138］吴清，李细归，张明．中国不同类型非物质文化遗产的空间分布与成因［J］．经济地理，2015，35（6）：175 - 183.

［139］袁少雄，陈波．广东省非物质文化遗产结构及地理空间分布［J］．热带地理，2012（1）：91－94．

［140］廖琴．广西省非物质文化遗产空间地理分布特征［J］．经营管理者，2013（10）：114－115．

［141］冯亚芬，俞万源，雷汝林．广东省传统村落空间分布特征及影响因素研究［J］．地理科学，2017，37（2）：236－243．

［142］张宏乔．非物质文化遗产的空间分布及旅游响应分析——以河南省为例［J］．资源开发与市场，2014，30（7）：886－890．

［143］李亚恒，陈金华．福建省非物质文化遗产空间分布特征及其影响因素［J］．福建行政学院学报，2019（2）：109－120．

［144］赵鹏霞，石惠春，谢敏慧，等．甘肃省非物质文化遗产空间分异及旅游开发模式探究［J］．资源开发与市场，2019（10）：1314－1321．

［145］周海兵，罗津．江西省非物质文化遗产时空特征与影响因素分析［J］．江西科学，2019（6）：883－889．

［146］贺小荣，易佳．湖南省非物质文化遗产时空分布特征及影响因素分析［J］．中南林业科技大学学报（社会科学版），2018（4）：69－74．

［147］张梅芬，童彦，张玲，等．云南非物质文化遗产时空分布特征及其与旅游业发展相关性研究［J］．国土与自然资源研究，2020（4）：88－91．

［148］田小波，胡静．甘肃省非物质文化遗产时空格局及旅游利用研究［J］．华中师范大学学报（自然科学版），2021（6）：1073－1082．

［149］韩顺法，徐鹏飞，马培龙．江苏非物质文化遗产的时空分布及其影响因素［J］．地理科学，2021（9）：1598－1605．

［150］卢松，王立妹．徽州非物质文化遗产分布特征及其影响因素［J］．长江流域资源与环境，2021（1）：23－31．

［151］李亚娟，罗雯婷，王靓，等．少数民族非物质文化遗产的分布特征及旅游响应研究［J］．干旱区资源与环境，2021（8）：184－191．

［152］韩璐，加力戈，长安．鄂尔多斯市非物质文化遗产时空分布特征

及影响因素分析［J］．内蒙古师范大学学报（自然科学汉文版），2022（1）：31－37.

［153］王凤丽．非物质文化遗产的旅游开发研究——以山西省非物质文化遗产旅游开发为例［D］．武汉：华中师范大学，2008：5.

［154］闫石．山西省非物质文化遗产数字化保护研究［J］．科技与创新，2016（6）：61－63.

［155］许子婵．非物质文化遗产生产性保护的“1＋X”模式探索——基于山西省非物质文化遗产生产性保护示范基地的研究［J］．文化学刊，2016（4）：164－167.

［156］牛晓珉．山西非物质文化遗产传承人生存现状及保护策略研究［D］．太原：山西大学，2011：27.

［157］柴国珍，孙文学．山西非物质文化遗产的时空分布与重心移动分析［J］．文化遗产，2010（2）：6－11.

［158］郝杰，魏东岚．山西省非物质文化遗产空间特征分析研究［J］．国土与自然资源研究，2016（6）：80－81.

［159］刘慧娣，刘敏，任亚鹏，等．山西非物质文化遗产空间分布及成因分析［J］．生产力研究，2016（12）：106－109.

［160］徐富平．非物质文化遗产传承人身份认定及其意义［J］．大众文艺，2010（2）：202.

［161］李山石，刘家明，黄武强．北京市音乐旅游资源分布规律研究［J］．资源科学，2012，34（2）：381－392.

［162］陈著，罗家添，吴端旺．基于图谱特征的中国典型城市空间结构演变分析［J］．地理科学，2011，31（11）：1313－1321.

［163］徐纪安，李文静，吴朋飞．河南省非物质文化遗产时空分布特征及其影响因素［J］．河南科学，2015，33（4）：632－638.

［164］李玏，刘家明，王润，等．北京市高尔夫旅游资源空间分布特征及影响因素［J］．地理研究，2013，32（10）：1937－1947.

[165] 麻宇航．保护非物质文化遗产，守住民族根与魂 [EB/OL]. http://www. wenming. cn/wmpl_pd/yczl/201603/t20160314. shtml.

[166] 宋立中．国外非物质文化遗产旅游研究综述与启示——基于近20年ATR、TM文献的考察 [J]. 世界地理研究，2014，23（4）：136-147.

[167] 李致伟．通过日本百年非物质文化遗产保护历程探讨日本经验 [D]. 北京：中国艺术研究院，2014：123-127.

[168] 关于加强国家级文化生态保护区建设的指导意见（2010） [EB/OL]. http：//zwgk. mct. gov. cn/auto255/201711/t20171106_693539. html? keywords.

[169] 山西出台"十三五"文化改革发展规划 [EB/OL]. http：//www. fdi. gov. cn/1800000121_21_98037_0_7. html.

[170] 刘润民．全力打造富有特色的文旅强省 [EB/OL]. http：//www. shanxi. gov. cn/ztjj/jjsxjggg/jdpl/201811/t20181116_487369. shtml.

[171] 晋中市扎实推进晋中文化生态保护区建设 [EB/OL]. http：//www. wenming. cn/syjj/dfcz/sx/201612/t20161215_3947940. shtml.

[172] 太谷县文化生态保护区规划建设接受文化部评估 [EB/OL]. http://jz. sxgov. cn/content/2016-04/14/content_7052402. htm.

[173] 三晋都市报记者走进晋中文化生态研究中心 [EB/OL]. http：//stwh. jzxy. edu. cn/info/1010/1625. htm.

[174] 张松．作为文化生态的非物质文化遗产保护与传承 [J]. 同济大学学报（社会科学版）2013，24（5），58-66.

[175] 李墨丝．非物质文化遗产保护国际法制研究 [M]. 北京：法律出版社，2010.

[176] 李山岗，仇斌奎．国家级文化生态保护区：如何管理与评价 [M]. 光明日报，2016-12-2（005）.

[177] 晋中文化生态保护实验区建设评估报告 [R]. 北京大学哲学系调研总结报告.

［178］肖曾艳．非物质文化遗产保护与旅游开发的互动研究［D］．长沙：湖南师范大学，2006：16.

［180］孙根年．塑造高质量旅游体验的路径分析［J］．陕西师范大学继续教育学报，2007，24（1）：122－124.

［181］徐文燕．旅游开发对非物质文化遗产保护的适用性研究［J］．旅游研究，2010，2（4）：9－15.

［182］张建忠．旅游文化的经济效应分析［J］．中国城市经济，2011（6）：312－313.

［183］《山西省“十三五”文化改革发展规划》出台［EB/OL］．http://www.ce.cn/culture/gd/201702/17/t20170217_20300125.shtm.l.

［184］王文章．非物质文化遗产概论［M］．北京：文化艺术出版社，2006.

［185］王鹤云，高绍安．中国非物质文化遗产保护法律机制研究［M］．北京：知识产权出版社，2009：70－75.

［186］Yu Park H. Shared national memory as intangible heritage re－imagining two Koreas as one nation［J］. Annals of Tourism Research，2011，3838（2）：520－539.

［187］Bille M. Assembling heritage：Investigating the UNESCO proclamation of Bedouin intangible heritage in Jordan［J］. International Journal of Heritage Studies，2012，18（2）：107－123.

［188］Wang Y，Bramwell B. Heritage protection and tourism development priorities in Hangzhou，China：A political economy and governance perspective［J］. Tourism Management，2012（33）：988－998.

［189］蔡丰明．中国非物质文化遗产的文化特征及其当代价值［J］．上海交通大学学报：哲学社会科学版，2006，14（4）：64－69.

［190］谭瑜．论土家族非物质文化遗产保护与传承的五个阶段［J］．贵州民族研究，2011，32（5）：80－83.

［191］［194］苗红，张敏．基于 GIS 缓冲区分析的西北民族地区“非遗”

旅游资源空间结构研究［J］. 干旱区资源与环境，2014，28（4）：179－186.

［193］马冬雪，江芸，朱明勇．基于 GIS 的中国体育非物质文化遗产空间分布研究［J］. 体育科学，2015，35（16）：19－24.

［195］柴国珍，孙文学．山西非物质文化遗产的时空分布与重心移动分析［J］. 文化遗产，2010（2）：6－11.

［196］袁少雄，陈波．广东省非物质文化遗产结构及地理空间分布［J］. 热带地理，2012，32（1）：94－97.

［197］戴其文，刘俊杰，吴玉鸣，等．基于区域视角探讨广西非物质文化遗产的保护［J］. 资源科学，2013，35（5）：1104－1112.

［198］李蕊蕊，赵伟，陈静．福建省非物质文化遗产结构及地理空间分布特征［J］. 地域研究与开发，2014，33（6）：97－102.

［199］张建忠，温娟娟，刘家明，等．山西省非物质文化遗产时空分布特征及旅游响应［J］. 地理科学，2017，37（7）：1104－1111.

［200］［202］孙根年，张毓，薛佳．资源—区位—贸易三大因素对日本游客入境旅游目的地选择的影响［J］. 地理研究，2011，30（6）：1032－1043.

［201］张超，杨秉赓．计量地理学基础［M］. 北京：高等教育出版社，1991：28－35.

［203］保继钢．旅游地理学［M］. 高等教育出版社，2012.

［204］谢彦君．期望与感受：旅游体验质量的交互模型［J］. 旅游科学，2000（2）：1－4.

［206］宋咏梅，孙根年．论体验旅游的理沦架构与塑造原则［J］. 社会科学家 2006，122（6）：115－119.

［207］李刚，李阳．非物质文化遗产旅游开发适宜性指标体系研究［J］. 大理大学学报，2016（9）：21－27.

［208］国家级晋中文化生态保护实验区传统工艺民俗文化展演系列活动在和顺举办［EB/OL］. http：//paper. jzxww. com. cn/jzrb/html/2018－08/16/content_140150. htm.

[209] 保护非物质文化遗产公约 [EB/OL]. [2014-12-24]. http://www.chinaich.com.cn/class11_detail.asp?id=91.

[210] 喻学才. 遗产活化论 [J]. 旅游学刊, 2010, 25 (04): 6-7.

[211] Wang Y, Bramwell B. Heritage protection and tourism development priorities in Hangzhou, China: A political economy and governance perspective [J]. Tourism Mana-gement, 2012 (33): 988-998.

[212] Gonzalez M V. Research note Intangible heritage tourism and identity [J]. Tourism Management, 2008 (29): 807-810.

[213] Cominelli F, Greffe X. Intangible cultural heritage: Safeguarding for creativity [J]. City, Culture and Society, 2012 (3): 245-250.

[214] Sedita S R. Leveraging the intangible cultural heritage: Novelty and innovation through exaptation [J]. City, Culture and Society, 2012 (3): 251-259.

[215] Yu Park H. Shared national memory as intangible heritage reimagining two Koreas as one Nation [J]. Annals of Tourism Research, 2011, 38 (2): 520-539.

[216] 王静. 民族地区非物质文化遗产保护中的政府行为研究 [D]. 武汉: 中南民族大学, 2011.

[217] 陈勤建. 当代民众日常生活需求的回归和营造——非物质文化遗产保护方式暨生产性方式保护探索 [J]. 徐州工程学院学报 (社会科学版), 2012, 27 (2): 49-54.

[218] 贾鸿雁, 徐红. 苏州非物质文化遗产资源的旅游开发研究——基于 RMP 的分析 [J]. 资源开发与市场, 2013, 29 (1): 102-105.

[219] 欧阳正宇. 丝绸之路非物质文化遗产旅游开发 RMP 分析 [J]. 干旱区资源与环境, 2012, 26 (12): 203-208.

[220] 张祝平. 非物质文化遗产保护与旅游开发互促作用探析 [J]. 商业文化 (下半月), 2012 (1): 238-239.

[221] 郝全梅. 孝义皮影 [J]. 山西社会主义学院学报, 2011, 84 (1): 2.

［222］古廿．三晋奇葩——孝义皮影戏［EB/OL］．http：//blog. sina. com. cn/tian729819.

［223］国务院关于公布第一批国家级非物质文化遗产名录的通知［EB/OL］．（2006－06－02）［2014－12－24］．http：//www. gov. cn/zwgk/2006－06/02/content_297946. htm.

［224］肖曾艳．非物质文化遗产保护与旅游开发的互动研究［D］．长沙：湖南师范大学，2006.

［225］雷蓉，胡北明．非物质文化遗产旅游开发的必要性分析——基于保护与传承的视角［J］．贵州民族研究，2012，33（02）：133－134.

［226］习近平在文艺工作座谈会上讲话（全文）［EB/OL］．（2014－10－31）［2019－12－24］http：//cul. china. com. cn/2014－10/31/content_7337881. htm.

［227］Murphy P. Pritchard M. Smith B. The destination product and its impact on traveler perceptions［J］．Tourism Management，2000（21）：65－67.

［228］［232］刘海英，彭万臣，高文智．皮影文化遗产旅游开发四种关系研究——基于社会学视角［J］．前沿，2011（6）：138－139.

［229］Bruner E. M. Tourism creativity and authenticity［J］．Studies in Symbolic Interaction，1989（10）：115－116.

［230］梁文俊．孝义皮影旅游营销研究［J］．现代商贸工业，2009（11）：112－113.

［231］王宏宝，谷立霞．基于旅游体验的非物质文化遗产保护性旅游开发研究［J］．广西社会科学，2010（11）：62－63.

［233］宋瑞．2009年中国旅游发展分析与预测［M］．北京：社会科学文献出版社，2008：333－348.

［234］冯骥才．文化遗产日的意义［N］．光明日报，2006－06－15（6）.

［235］邵秀英．山西古村落及其旅游开发保护问题的探讨［J］．太原师范学院学报（自然科学版），2007，6（3）：46－49.

［236］张松．历史城市保护学导论［M］．上海：上海科学技术出版社，

2001：128－138.

［237］焦怡雪．美国历史环境保护中的非政府组织［J］．国外城市规划，2003（1）：61－62.

［238］王凤武．城市历史保护规划［J］．国外城市规划，1991（1）：24－37.

［239］章锦河．古村落旅游地居民旅游感知分析——以黟县西递为例［J］．地理与地理信息科学，2003，19（2）：105－109.

［240］曹国新．文化古村落：一类重要而特殊的旅游资源［J］．江西社会科学，2003（9）：202－205.

［241］［242］简王华．试论少数民族地区的生态化旅游开发［J］．干旱区地理，2003，26（3）：286－290.

［243］章锦河，凌善金．黟县宏村古村落旅游形象设计研究［J］．地理学与国土研究，2001，17（3）：82－87.

［244］梁栋栋，陆林．古村落型旅游地土地利用的初步研究——世界文化遗产黟县西递案例分析［J］．经济地理，2005，25（4）：562－564.

［245］吴文智，庄志民．体验经济时代下旅游产品的设计与创新——以古村落旅游产品体验化开发为例［J］．旅游学刊，2003，18（6）：66－70.

［246］卢松，陆林，凌善金．世界文化遗产西递、宏村旅游资源开发的初步研究［J］．安徽师范大学学报（自然科学版），2003，26（3）：273－277.

［247］Steward Julian H. Theory of culture change：The methodology multilinear Evolution［M］. Urbana：University of Illionis Press，1955：36－42.

［248］［美］托马斯·哈定．文化与进化［M］．韩建军，商戈令，译．杭州：浙江人民出版社，1987：40.

［250］王旭科，王衍用．风景区规划城市规划化纠正机制探析——基于两个风景区的实证研究［J］．桂林旅游高等专科学校学报，2004，15（5）：45－48.

［251］孙兆刚．论文化生态系统［J］．系统辨证学学报，2003，11（3）：100－103.

[252] 张松. 文化生态的区域性保护策略探讨——以徽州文化生态保护实验区为例 [J]. 同济大学学报（社会科学版），2009，20（3）：27-35.

[253] 李贵卿，黄萍，王裴，等. 西部民族文化生态旅游开发模式和策略研究 [J]. 资源开发与市场，2007，23（4）：364-365.

[254] 潘鲁生. 关注旅游文化——少数民族文化生态保护与旅游资产开发 [J]. 山东社会科学，2000（5）：108-109.

[256] 黄安民，李洪波. 文化生态旅游初探 [J]. 桂林旅游高等专科学校学报，2000，11（3）：56-58.

[257] 江金波. 论文化生态学的理论发展与新构架 [J]. 人文地理，2005，84（4）：119-124.

[258] 后沟古村. http：//baike. sogou. com/v6093847. htm.

[259] 范仁重. 山西后沟古村现状和保护 [J]. 科技情报开发与经济，2008，18（26）：114-116.

[260] 沛林. 古村落——独特的人居文化空间 [J]. 人文地理，1998，13（1）：38-41.

[261] 王琳玉. 后沟古村落 [M]. 太原：山西人民出版社，2012：21.

[262] 宋文. 山西榆次后沟古村落景观研究 [D]. 北京：北京林业大学，2013：46-52.

[263] [268] [277] 张建忠. 中国帝陵文化价值挖掘及旅游利用模式——以关中3陵为例 [D]. 西安：陕西师范大学，2013：27-28，44.

[264] 亢亮，亢羽. 风水与建筑 [M]. 天津：百花文艺出版社，2001.

[265] 王玉德. 试论中华风水文化 [J]. 华中师范大学学报（哲学社会科学版），1993（2）：65-68.

[266] 赵颖. 建筑选址与风水文化 [J]. 建筑与文化，2007（3）：82-83.

[267] 向小辉. 风水文化旅游探析 [J]. 资源与人居环境，2008（20）：70-72.

[269] [270] 罗莀. 传统建筑文化的继承与创新 [J]. 中外建筑，2004

（2）：49－51.

［271］王威，王明超．园林建筑的传统与现代［J］．民营科技，2012（2）：294.

［272］陈伍香．旅游民俗文化开放式教学研究［J］．教育与职业，2006，519（23）：169－171.

［273］陈瑜．论民俗文化资源在旅游中的应用——以清明上河园为例［D］．开封：河南大学，2010：4－8.

［274］陈来生．江南水乡古镇可持续发展的思考［J］．社会，2004（9）：37－40.

［276］王新广．后沟古村保护与开发的经验［N］．中国旅游报，2013－8－12（007）.

［279］唐建兵．应加强风水文化旅游的开发研究［J］．成都大学学报（社会科学版），2009（5）：83－86.

［280］［281］王琳玉．后沟古村落［M］．太原：山西人民出版社，2012：15－16.

［282］鲍洗，刘宏哲．大数据时代文化遗产数据挖掘的认识［J］．北京联合大学学报（自然科学版），2015（3）：1－2.

［283］黄健铭，苗禾．文化遗产数字化与云计算技术应用［J］．中国文化遗产，2016（2）：39.

［284］王健．非物质文化遗产与旅游的不解之缘［J］．旅游学刊，2010，25（4）：11－12.

［285］陈天培．非物质文化遗产是重要的区域旅游资源［J］．经济经纬，2006（2）：124－127.

［286］刘建平，陈娇凤．论旅游开发与非物质文化遗产保护［J］．贵州民族研究，2007，115（3）：65－69.

［287］范玉娟．非物质文化遗产的旅游开发研究［D］．上海：上海师范大学，2007.

［288］贾鸿雁．论我国非物质文化遗产的保护性旅游开发［J］．改革与战略，2007，171（11）：119－122.

［289］张裴．非物质文化资源的旅游开发——基于体验视角［D］．开封：河南大学，2006.

［290］Ondimu K I. Cultural tourism in Kenya［J］. Annals of Tourism Research，2002，29（4）：1036－1047.

［291］飞龙．国外保护非物质文化遗产的现状［J］．文艺理论与批评，2005（6）：59－66.

［292］王焯．国外非物质文化遗产保护的理论与实践［J］．文化学刊，2008（6）：27－35.

［293］王凤丽．非物质文化遗产的旅游开发研究——以山西省非物质文化遗产旅游开发为例［D］．武汉：华中师范大学，2008.

［294］韩双斌．江西抚州非物质文化遗产保护与旅游开发研究［D］．南昌：南昌大学，2007.

［295］伍鹏．非物质文化遗产保护与旅游业发展互动研究［J］．温州大学学报（自然科学版），2008，29（5）：42－47.

［296］Yandiver pame la B. Craft knowledge as an intangible cultural property：A case study of Samarqand tiles and traditional potters in Uzbekistan［J］. Museum International，2004，56（2）：81－89.

［297］Marcello Carrozzino Virtually preserving the intangible heritage of artistic hand－craft［J］. Journal of cultural heritage，2011，12（1）：82－87.

［298］林庆，李旭．云南少数民族非物质文化遗产保护与开发的对策［J］．云南民族大学学报（哲学社会科学版），2007，24（2）：39－43.

［299］卢家鑫．民族歌舞戏剧与地区旅游开发［J］．贵州民族学院学报（哲学社会科学版），2006，100（6）：117－121.

［300］吕智敏．四川手工技艺非物质文化遗产的旅游开发与保护［D］．成都：四川大学，2007.

[301] 赵德利. 主导·主脑·主体 [J]. 宝鸡文理学院学报（社会科学版），2006，26（1）：72－74.

[302] 苑利. 非物质文化遗产保护主体研究 [J]. 重庆文理学院学报（社会科学版），2009，28（2）：1－8，21.

[303] 石美玉，孙梦阳. 非物质遗产旅游利用中的三大环节探论 [J]. 旅游学刊，2010，25（6）：50－56.

[304] 郭琳，李翠军. 浅谈科技和旅游 [J]. 科技进步与对策，2003（增刊）：149－150.

[305] [314] 张捷. 科技与旅游发展 [J]. 旅游学刊，2004，19（3）：6.

[306] 刘艳. 科技旅游的理论与实践阐释 [D]. 沈阳：东北大学，2005：2－6.

[307] 王玥. 科技发展对我国旅游业的影响研究 [D]. 锦州：渤海大学，2014：4.

[308] 侯廷亮. 试论开发静升古镇的可行性 [J]. 名作欣赏，2016（29）：174－176.

[309] 林良章. 关于赫尔驱力还原学习理论与勒温场学习理论动机问题之比较 [J]. 福建师范大学福清分校学报，1992，108（3）：65－68.

[310] 杨锐. 从游客环境容量到LAC理论 [J]. 旅游学刊，2003，18（5）：62－65.

[311] 苏欣，林锦富. "可接受改变的极限"（LAC）理论与自然资源规划管理 [J]. 资源与产业，2010，12（3）：109－112.

[312] 吴必虎. 区域旅游规划原理 [M]. 北京：中国旅游出版社，2001.

[313] 张来武. 科技创新驱动经济发展方式转变 [J]. 中国软科学，2011（12）：1－5.

[315] 冯建平. 山西省旅游发展确定新目标 [EB/OL] http：//news.xinhuanet.com/local/2014－02/26/c_119500719.htm.

[317] 武艳蓉. 文化旅游小镇发展建设初探——以葛牌文化旅游古镇为

例［J］．陕西林业科技，2013（5）：76－80．

［318］卢森林，平爵，吴丽华．非遗保护与旅游文化小镇规划设计风险规避研究［J］．江西科技师范大学学报，2015（6）：119－123．

［319］［320］管倩．智慧旅游提升旅游体验途径研究［D］．北京：北京林业大学，2013：47．

［321］［322］北京智慧景区建设规范（试行）［EB/OL］http：//www.bjta.gov.cn/xxgk/zcwj/xybz/350718.htm．

［323］方德满．我国智慧景区发展研究［J］．合作经济与科技，2016（4）：42－43．

附录1 国家级晋中文化生态保护实验区内四批国家级非物质文化遗产项目

第一批国家级“非遗”项目（2006年）

序号	名称	类别	地区/申报单位	代表性传承人
1	左权开花调	民间音乐	左权	刘改鱼，女，71岁
2	文水鈲子	民间音乐	文水	武济文，男，58岁
3	晋剧	传统戏剧		牛桂英；郭彩萍；王爱爱；武忠；马玉楼；田桂兰；牛学祯；程玉英
4	碗碗腔	传统戏剧	孝义	张建琴，女，48岁 田学思，男，63岁
5	皮影戏	传统戏剧	孝义	梁全民，男，75岁 李世伟，男，60岁
6	推光漆器髹饰技艺	传统手工技艺	平遥	薛生金，男，73岁
7	杏花村汾酒酿制技艺	传统手工技艺	汾阳	郭双威，男，57岁
8	清徐老陈醋酿制技艺	传统手工技艺	清徐	

第二批国家级“非遗”项目（2008年）

序号	名称	类别	地区/申报单位	代表性传承人
9	牛郎织女传说	民间文学	和顺	
10	太原锣鼓	传统音乐	太原	刘耀文，男，77岁
11	传统面食制作技艺（龙须拉面和刀削面制作技艺、抿尖面和猫耳朵制作技艺）	传统手工技艺		
12	郭杜林晋式月饼制作技艺	传统手工技艺		
13	心意拳	传统体育、游艺与杂技	晋中	梁晓峰，男，54岁
14	风火流星	传统体育、游艺与杂技	太原	
15	琉璃烧制技艺	传统手工技艺	交城	

续表

序号	名称	类别	地区/申报单位	代表性传承人
16	滩羊皮鞣制工艺	传统手工技艺	交城	
17	平遥牛肉传统制作技艺	传统手工技艺	平遥	
18	六味斋酱肉传统制作技艺	传统手工技艺	太原六味斋实业有限公司	
19	药膳八珍汤	中医养生	太原	
20	晋祠庙会	民俗		
21	徐沟背铁棍	民俗	清徐	
22	孝义贾家庄婚俗	民俗	孝义	

第一批扩展项目（2008 年）

序号	名称	类别	地区/申报单位	代表性传承人
23	晋剧	传统戏剧	太原	
24	祁太秧歌	传统戏剧	祁县、太谷	白美云，女，47 岁
25	木偶戏	传统戏剧	孝义	
26	砖雕	传统手工技艺	清徐	
27	老陈醋酿制技艺	传统手工技艺	太原	郭俊陆，男，58 岁
28	龟龄集传统制作技艺	中医传统制剂方法	太谷	
29	傩舞：寿阳爱社	民间舞蹈	寿阳	

第三批国家级“非遗”项目（2011 年）

序号	名称	类别	地区/申报单位	代表性传承人
30	莲花落	曲艺	太原	
31	平遥纱阁戏人	传统美术	平遥	
32	清徐彩门楼	传统美术	清徐	

第二批扩展项目（2011 年）

序号	名称	类别	地区/申报单位	代表性传承人
33	形意拳	传统体育、游艺与杂技	太谷	
34	心意拳	传统体育、游艺与杂技	祁县	
35	道虎壁王氏中医妇科	中医诊法	平遥	
36	清明节（介休寒食清明习俗）	民俗	介休	
37	定坤丹制作技艺	中医传统制剂方法	太谷	杨巨奎，男，77 岁

第四批国家级“非遗”项目（2014年）

序号	名称	类别	地区/申报单位	代表性传承人
38	左权小花戏	传统舞蹈	左权	
39	民间社火（南庄无根架火）	民俗	晋中市榆次区	
40	安宫牛黄丸制作技艺	传统医药	太谷县	

附录2　榆次区国家级、省级、市级“非遗”项目

序号	入选年/批	合计	项目级别	项目名称	项目类型	项目申报单位
1	2008/2	1	国家级	心意拳	传统体育、游艺与杂技	
2	2014/4	1	国家级	南庄无根架火	传统美术	晋中市榆次区文化馆
3	2009/2	2	省级	九曲黄河阵	民俗	晋中市榆次区文化馆
4	2009/2		省级	晋商镖局	民俗	晋中市心意拳协会
5	2011/3	4	省级扩展	背铁棍（抬阁）	传统舞蹈	榆次区张庆乡张庆村
6	2011/3		省级扩展	四眼井醋制作工艺	传统手工技艺	晋中市榆次区四眼井酿造实业有限公司
7	2011/3		省级扩展	堡子酒酿造技艺	传统手工技艺	山西后沟古村酒业有限公司蒸馏酒传统酿造技艺
8	2011/3		省级扩展	黑陶制作工艺	传统手工技艺	山西翔龙黑陶工艺品有限公司
9	2014/4	1	省级	“鱼羊包”烹饪技艺	传统手工技艺	
10	2006/1	1	市级	晋剧（中路梆子）	传统戏剧	晋中市晋剧艺术研究院
11	2006/1	1	市级	玻璃雕刻	传统技艺	榆次区郭家堡乡文化站
12	2006/1	1	市级	榆次南庄无根架火	民俗	榆次区文化馆
13	2006/1	1	市级	榆次九曲黄河阵	民俗	庄子乡文化站
14	2006/1	1	市级	奶奶庙八音会	传统音乐	榆次区文化馆
15	2008/2	1	市级	榆次锣鼓（拍三官）	传统音乐	榆次区文化馆
16	2008/2	1	市级	斗活龙	传统舞蹈	榆次区文化馆
17	2008/2	1	市级	城西铁棍	传统舞蹈	榆次区文化馆
18	2008/2	1	市级	弓力拳	传统体育、游艺与杂技	榆次区文化馆
19	2008/2	1	市级	翔龙黑陶工艺	传统技艺	山西翔龙黑陶工艺品有限公司

续表

序号	入选年/批	合计	项目级别	项目名称	项目类型	项目申报单位
20	2012/3	1	市级	晋式家具制作工艺	传统技艺	榆次区民间文化艺术博物馆
21	2012/3	1	市级	堡子酒制作工艺	传统技艺	榆次区文化馆
22	2012/3	1	市级	“鱼羊包”烹饪技艺	传统技艺	榆次区文化馆
23	2012/3	1	市级	雾酒疗法	传统医药	榆次区宣传部
24	2012/3	1	市级	张庆摆供	民俗	榆次区文化馆
25	2012/3	1	市级	西窑河灯	民俗	榆次区文化馆
26	2014/4	1	市级	“康盛源”枣酒酿制技艺	传统技艺	山西康盛源酒业有限公司
27	2014/4	1	市级	三晋官府宴制作技艺	传统技艺	榆次区文化馆
28	2014/4	1	市级	枣木制板拓片传统技艺	传统技艺	榆次区文化馆
29	2014/4	1	市级	石羊剪纸	传统技艺	晋中鸿文阁艺术设计有限公司
30	2014/4	1	市级	晋派内画鼻烟壶制作技艺	传统技艺	晋中市榆次区晋斌内画艺术工作室
31	2014/4	1	市级	冯氏正骨手法	传统医药	榆次区文化馆
32	2017/5	1	市级	刘氏回春丹传统制作技艺	传统医药	榆次区文化馆
33	2017/5	1	市级	榆次秧歌	传统戏剧	榆次区文化馆
34	2017/5	1	市级	晋中小吃	民俗	晋中楼外楼晋菜大酒店有限公司
35	2017/5	1	市级	晋商八大碗	民俗	晋中楼外楼晋菜大酒店有限公司
36	2017/5	1	市级	抬冰山	民俗	开发区社管处

太谷县国家级、省级、市级“非遗”项目

序号	入选年/批	合计	项目级别	项目名称	项目类型	项目申报单位
1	2014/4	1	国家级	安宫牛黄丸制作技艺	中医传统制剂方法	
2	2008/1	2	国家扩展	龟龄集传统制作技艺	中医传统制剂方法	
3	2008/1		国家扩展	祁太秧歌	传统戏剧	

续表

序号	入选年/批	合计	项目级别	项目名称	项目类型	项目申报单位
4	2011/2	2	国家扩展	定坤丹制作技艺	中医传统制剂方法	
5	2011/2		国家扩展	形意拳	传统体育、游艺与杂技	
6	2006/1	1	省级	太谷饼传统制作工艺	传统手工艺	
7	2009/2	1	省级	太谷绞活龙	传统体育、游艺与杂技	太谷县文化艺术中心
8	2011/3	4	省级扩展	太谷砖雕	传统美术	太谷县晋派砖雕研究所
9	2011/3		省级扩展	吴氏妇科疗法	中医诊疗法	太谷康福药店
10	2011/3		省级扩展	安宫牛黄丸制作技艺	中医传统制剂方法	山西广誉远国药有限公司
11	2011/3		省级扩展	龟龄御酒传统制作技艺	传统医药	太谷龟龄御酒厂
12	2013/4	1	省级	传统乐器制作技艺	传统技艺	太谷县渊方乐器厂
13	2006/1	1	市级	太谷秧歌	传统戏剧	太谷县文化馆
14	2006/1	1	市级	乌马河胡传说	民间文学	太谷县文化馆
15	2006/1	1	市级	孟母胡故里	民间文学	太谷县文化馆
16	2006/1	1	市级	壶枣瓶的传说	民间文学	太谷县阳邑乡政府民间社火协会
17	2006/1	1	市级	铁棍	传统舞蹈	太谷县文化馆
18	2006/1	1	市级	高跷	传统舞蹈	太谷县文化馆
19	2008/2	1	市级	背棍	传统舞蹈	太谷县文化馆
20	2008/2	1	市级	灯马	传统舞蹈	太谷县文化馆
21	2008/2	1	市级	架火	传统技艺	太谷县文化馆
22	2008/2	1	市级	梆子戏传统乐器制作技艺	传统技艺	太谷县南河街知音乐器批零商店
23	2008/2	1	市级	砖雕	传统技艺	太谷县文化馆
24	2008/2	1	市级	安宫牛黄丸	传统医药	山西广誉远国药有限公司
25	2008/2	1	市级	八宝玉枢丸	传统医药	山西广誉远国药有限公司

续表

序号	入选年/批	合计	项目级别	项目名称	项目类型	项目申报单位
26	2012/3	1	市级	麝雄至宝丸	传统医药	山西广誉远国药有限公司
27	2012/3	1	市级	山西中药传统特色炮制技术	传统医药	山西黄河中药有限公司
28	2012/3	1	市级	龟龄御延龄御酒	传统医药	山西龟龄御酒厂
29	2012/3	1	市级	山西太谷吴氏祖传药方	传统医药	太谷县康福药店
30	2014/4	1	市级	智耳太祖洪拳	传统体育、游艺与杂技	太谷县文化馆
31	2014/4	1	市级	王宗岳太极拳	传统体育、游艺与杂技	太谷县王宗岳太极拳研究会
32	2014/4	1	市级	晋中王氏麦秆画制作技艺	传统技艺	太谷其林麦秆艺术品中心
33	2017/5	1	市级	牛黄清心丸制作技艺	传统医药	山西广誉远国药有限公司
34	2017/5	1	市级	通宝醋坊传统老陈醋酿造工艺	传统技艺	山西太谷通宝醋业有限公司
35	2017/5	1	市级	鑫炳记太谷饼传统制作技艺	传统技艺	太谷县鑫炳记食品有限公司

祁县国家级、省级、市级"非遗"项目

序号	入选年/批	合计	项目级别	项目名称	项目类型	项目申报单位
1	2008/1	1	国家扩展	祁太秧歌	传统戏剧	
2	2011/2	1	国家扩展	心意拳	传统体育、游艺与杂技	祁县戴氏心意拳协会
3	2006/1	1	省级	背铁棍（抬阁、挠阁）	民间舞蹈	
4	2009/2	2	省级	祁县小磨香油制作技艺	传统手工制作技艺	祁县顾椿香油厂
5	2009/2		省级	祁县民居建筑习俗	民俗	祁县文化艺术中心
6	2011/3	1	省级扩展	武秧歌	传统戏剧	祁县温曲村
7	2013/4	1	省级	晋中吹打	传统音乐	西六支乡

续表

序号	入选年/批	合计	项目级别	项目名称	项目类型	项目申报单位
8	2013/4	1	省级扩展	祁县剪纸	传统美术	城赵镇
9	2006/1	1	市级	祈县八音会	传统音乐	祈县文化馆
10	2006/1	1	市级	背铁棍（抬阁、挠阁）	传统舞蹈	祈县文化馆
11	2006/1	1	市级	温曲武秧歌	传统戏剧	祈县文化馆
12	2008/2	1	市级	戴氏心意拳	传统体育、游艺与杂技	祈县戴氏心意拳协会
13	2008/2	1	市级	祈城泥人制作工艺	传统技艺	祈县文化馆
14	2008/2	1	市级	祈县小磨香油传统制作技艺	传统技艺	祈县顾椿香油厂
15	2012/3	1	市级	祈县城赵镇剪纸	传统技艺	祈县文化馆
16	2012/3	1	市级	祈县弓力拳	传统体育、游艺与杂技	祈县弓力拳协会
17	2012/3	1	市级	祈县犀牛望月镜制作技艺	传统技艺	祈县如意工艺部
18	2014/4	1	市级	人工吹制玻璃器皿	传统技艺	祈县文化馆
19	2014/4	1	市级	王氏痛夫帖	传统医药	祈县文化馆
20	2014/4	1	市级	接骨中药—还原丹	传统医药	祈县文化馆
21	2017/5	1	市级	段氏消刺止痛膏	传统医药	祈县文化馆
22	2017/5	1	市级	贾令熏肉	传统技艺	祈县文化馆
23	2017/5	1	市级	祈县高氏烧伤疗法	传统医药	祈县文化馆
24	2017/5	1	市级	周氏苍耳汤制作技艺	传统医药	祈县文化馆
25	2017/5	1	市级	乔家老陈醋传统技艺	传统技艺	祈县乔家大院醋业有限公司

介休市国家级、省级、市级“非遗”项目

序号	入选年/批	合计	项目级别	项目名称	项目类型	项目申报单位
1	2008/2	1	国家级	琉璃烧制技艺	传统手工制作技艺	
2	2011/2	1	国家扩展	介休寒食清明习俗	民俗	
3	2009/2	1	省级	介子推传说	民间文学	介休市文化馆

续表

序号	入选年/批	合计	项目级别	项目名称	项目类型	项目申报单位
4	2006/1	1	市级	介休干调秧歌	曲艺	介休市文化馆
5	2006/1	1	市级	传统琉璃制作技艺	传统技艺	介休市文化馆
6	2006/1	1	市级	介休贯馅糖制作技艺	传统技艺	介休市文化馆
7	2008/2	1	市级	寒食节	民俗	介休市文化馆
8	2008/2	1	市级	介休宝卷说唱文学	民间文学	介休市文化馆
9	2008/2	1	市级	洪山名香“全料香”制作技艺	传统技艺	介休市文化馆
10	2014/4	1	市级	介休市“大生堂”孔氏医术	传统医药	介休市文化馆
11	2017/5	1	市级	张兰镇郝家堡施家牛肉制做技艺	传统技艺	介休市文化馆

灵石县国家级、省级、市级“非遗”项目

序号	入选年/批	合计	项目级别	项目名称	项目类型	项目申报单位
1	2011/3	1	省级	独龙杆	民间舞蹈	灵石县静升镇静升村
2	2011/3		省级扩展	背铁棍（抬阁）	传统舞蹈	灵石县静升镇静升村
3	2011/3	3	省级扩展	傅山拳	传统体育、游艺与杂技	灵石县武术协会
4	2011/3		省级扩展	泥塑佛像	传统美术	灵石县静升镇苏溪村
5	2013/4	1	省级	三雕制作技艺	传统美术	资寿寺
6	2013/4	1	省级扩展	摸骨正脊术	中医正骨疗法	
7	2006/1	1	市级	大禹治水传说	民间文学	灵石县文化馆
8	2006/1	1	市级	常青双人高跷	传统舞蹈	灵石县文化馆
9	2006/1	1	市级	静升民间独龙杆	传统舞蹈	灵石县文化馆
10	2008/2	1	市级	通背拳术	传统体育、游艺与杂技	灵石县武术协会
11	2008/2	1	市级	三雕艺术	传统技艺	灵石县王家大院资寿寺管理中心
12	2012/3	1	市级	抬阁	传统舞蹈	灵石县静升村委

续表

序号	入选年/批	合计	项目级别	项目名称	项目类型	项目申报单位
13	2012/3	1	市级	灵石干调秧歌	传统舞蹈	灵石县文化馆
14	2014/4	1	市级	灵石评说	曲艺	灵石县文化馆
15	2017/5	1	市级	战功拳	传统体育、游艺与杂技	灵石县文化馆
16	2017/5	1	市级	灵石刺绣	传统美术	灵石县灵尚绣品有限公司

寿阳县国家级、省级、市级“非遗”项目

序号	入选年/批	合计	项目级别	项目名称	项目类型	项目申报单位
1	2008/1	1	国家扩展	傩舞寿阳爱社	传统舞蹈	
2	2009/2	2	省级	老寿星传说	民间文学	寿阳县文化馆
3	2009/2		省级	寿阳竹马	传统舞蹈	寿阳县文化馆
4	2011/3	1	省级	寿阳耍叉	传统体育、游艺与杂技	寿阳县文化馆
5	2011/3	1	省级扩展	福寿剪纸	传统美术	寿阳县文化馆
6	2006/1	1	市级	寿阳民歌	传统音乐	寿阳县文化馆
7	2006/1	1	市级	寿阳耍叉	传统体育、游艺与杂技	寿阳县文化馆
8	2006/1	1	市级	寿阳油柿子	传统技艺	寿阳县文化馆
9	2008/2	1	市级	寿阳马家老醋工艺	传统技艺	寿阳县马家老醋研发有限公司
10	2012/3	1	市级	寿阳佛乐	传统音乐	寿阳县文化馆
11	2014/4	1	市级	寿阳茶食技艺	传统技艺	寿阳县文化馆
12	2017/5	1	市级	寿阳担灯舞	传统舞蹈	寿阳县文化馆

交城县国家级、省级、市级“非遗”项目

序号	入选年/批	合计	项目级别	项目名称	项目类型	项目申报单位
1	2008/2	1	国家级	滩羊皮鞣制工艺	传统手工制作技艺	
2	2009/2	2	省级	交城玄中寺鸠鸽二仙传说	民间文学	交城县人民文化馆
3	2009/2		省级	卫生馆五香调料面制作技艺	传统手工制作技艺	交城县人民文化馆

续表

序号	入选年/批	合计	项目级别	项目名称	项目类型	项目申报单位
4	2009/2	1	省级扩展	交城卦山庙会	民俗	交城县人民文化馆
5	2013/4	1	省级扩展	云香制作技艺	传统手工制作技艺	鸿泽制香有限公司
6	2006/1	1	市级	“中秋云香”制作技艺		交城县文化馆
7	2008/2	1	市级	“鸠鸽二仙”的传说		交城县玄中寺
8	2012/3	1	市级	卫生馆五香调料面配制技艺		交城县润美调味品厂
9	2014/4	1	市级	交城卦山庙会		交城县卦山管理委员会
10	2017/5	1	市级	“交城滩羊皮”鞣制技艺		交城县文化馆

榆社县国家级、省级、市级“非遗”项目

序号	入选年/批	合计	项目级别	项目名称	项目类型	项目申报单位
1	2006/1	1	省级	榆社霸王鞭	民间舞蹈	
2	2009/2	1	省级	榆社阿胶熬制技艺	传统医药	榆社阿胶厂
3	2013/4	1	省级	石勒传说	民间文学	榆社县文化馆
4	2013/4	1	省级	木梁压榨小麻油技艺	传统工艺	榆社天禾绝色食品有限公司
5	2011/3	1	省级扩展	榆社“九曲黄河灯阵”	民俗	箕城镇北逆流河村
6	2013/4	1	省级扩展	土滩秧歌	传统戏剧	榆社县文化馆
7	2011/3	1	省级扩展	古建筑彩绘	传统美术	山西晋阳古建筑工程有限公司榆社分公司
8	2011/3	1	省级扩展	榆社晋绣	传统美术	榆社县兴晋绣艺专业合作社
9	2006/1	1	市级	石勒传说	民间文学	榆社县文化馆
10	2006/1	1	市级	榆社霸王鞭	传统舞蹈	榆社县文化馆
11	2008/1	1	市级	土滩秧歌	传统舞蹈	榆社县文化馆
12	2008/1	1	市级	榆社九曲黄河阵	民俗	榆社县文化馆
13	2008/2	1	市级	园林古建筑修缮及油漆彩画专业	传统美术	榆社县文化馆

续表

序号	入选年/批	合计	项目级别	项目名称	项目类型	项目申报单位
14	2012/3	1	市级	晋绣手工技艺	传统技艺	榆社兴晋绣艺专业合作社
15	2012/3	1	市级	木梁压榨小麻油工艺	传统技艺	榆社天禾绿色食品有限公司
16	2012/3	1	市级	榆社羯鼓舞	传统舞蹈	榆社县文化馆
17	2014/4	1	市级	榆社响环舞	传统舞蹈	榆社县文化馆
18	2014/4	1	市级	向阳高跷	传统体育、游艺与杂技	榆社县文化馆
19	2014/4	1	市级	晋中面塑技艺	传统美术	榆社县文化馆
20	2017/5	1	市级	榆社干面饼制作技艺	传统技艺	榆社县文化馆
21	2017/5	1	市级	太行雕技	传统技艺	榆社县老太行木雕工作室

平遥县国家级、省级、市级“非遗”项目

序号	入选年/批	合计	项目级别	项目名称	项目类型	项目申报单位
1	2006/1	1	国家级	推光漆器髹饰技艺	传统手工技艺	
2	2008/2	1	国家级	平遥牛肉传统制作技艺	传统手工技艺	冠云平遥
3	2011/3	1	国家级	平遥纱阁戏人	传统美术	
4	2011/2	1	国家扩展	道虎壁王氏中医妇科	中医诊法	
5	2009/2	2	省级	平遥票号	民俗	平遥县文化艺术中心
6	2009/2		省级	晋商镖局	民俗	平遥县文化艺术中心
7	2011/3	2	省级扩展	平遥弦子书	曲艺	平遥县文化馆
8	2011/3		省级扩展	“长昇源”黄酒酿制技艺	传统手工技艺	平遥“长昇源”黄酒厂
9	2013/4	3	省级	熏肘传统制作技艺		延虎肉制品有限公司
10	2013/4		省级	平遥彩塑	传统美术	琢凡彩塑制作中心
11	2013/4		省级	中医烧伤疗法	传统医药	杨复兴诊所

续表

序号	入选年/批	合计	项目级别	项目名称	项目类型	项目申报单位
12	2013/4	2	省级扩展	灯彩（古灯艺）	传统美术	平遥古灯艺研究所
13	2013/4		省级扩展	乾德堂小儿止泻散制作技艺	中医传统制剂方法	平遥西关大街邓兆泉诊所
14	2008/3	1	市级	平遥弦子书	曲艺	平遥县文化馆
15	2008/3	1	市级	平遥推光漆器髹饰技艺	传统技艺	平遥县文化馆
16	2008/3	1	市级	冠云牌牛肉传统制作技艺	传统技艺	平遥牛肉集团有限公司
17	2008/3	1	市级	平遥纱阁戏人	传统技艺	平遥县文化馆
18	2008/3	1	市级	平遥票号文化	生产商贸习俗	平遥县文化馆
19	2008/3	1	市级	晋商镖局文化	生产商贸习俗	平遥县文化艺术中心
20	2008/3	1	市级	平遥镖局文化	生产商贸习俗	平遥县文化馆
21	2008/3	1	市级	平遥道虎壁王氏妇科	传统医药	晋中市道虎壁王氏妇科研究院
22	2011/1	1	市级	平遥风秧歌	曲艺	平遥县文化馆
23	2011/1	1	市级	平遥传统玻璃画艺术	传统美术	平遥县文化馆
24	2011/1	1	市级	平遥十二景诗文	民间文学	平遥县文化馆
25	2011/1	1	市级	（六合泰）传统透气枕制作技艺	传统技艺	平遥县北关六合泰工艺品厂
26	2011/1	1	市级	曹家熏肘传统制作技艺	传统技艺	平遥县延虎肉制品有限公司
27	2011/1	1	市级	（文涛坊）古刀剑复制、修复工艺	传统技艺	平遥县文涛坊艺术品有限公司
28	2011/1	1	市级	（宝龙斋）传统布鞋制作技艺	传统技艺	平遥县宝龙制鞋厂
29	2011/1	1	市级	白氏拔毒膏与生肌剂	传统医药	平遥县文化馆
30	2011/1	1	市级	乾德堂小儿止泻散	传统医药	平遥乾德堂邓兆泉中医内科诊所
31	2006/1	1	市级	平遥木雕神像传统技艺	传统美术	平遥县非物质文化遗产保护中心

续表

序号	入选年/批	合计	项目级别	项目名称	项目类型	项目申报单位
32	2006/1	1	市级	平遥木板年画制作技艺	传统美术	平遥县东大街言容堂木板年画制作中心
33	2006/1	1	市级	平遥泥人雕塑技艺	传统美术	平遥县张荣雕塑艺术工作室
34	2008/2	1	市级	平遥錾华传统技艺	传统美术	平遥县非物质文化遗产保护中心
35	2008/2	1	市级	平遥文房刻铜传统技艺	传统美术	平遥县非物质文化遗产保护中心
36	2012/3	1	市级	晋中面塑技艺	传统美术	平遥县非物质文化遗产保护中心
37	2012/3	1	市级	晋中传统金银器制作技艺	传统技艺	平遥县兴东坊金属首饰有限公司
38	2012/3	1	市级	平遥传统石刻技艺	传统技艺	平遥县悟石斋金石书画院
39	2014/4	1	市级	天元合油花花制作技艺	传统技艺	平遥县非物质文化遗产保护中心
40	2014/4	1	市级	平遥古建筑传统技艺	传统技艺	平遥县古建筑工程有限公司
41	2014/4	1	市级	平遥剪纸	传统技艺	平遥县剪艺园艺术服务部
42	2014/4	1	市级	平遥兆辉炉食制作技艺	传统技艺	山西平遥兆辉食品有限公司
43	2014/4	1	市级	平遥县三圪塔碗脱子制作技艺	传统技艺	平遥县非物质文化遗产保护中心
44	2017/5	1	市级	田德牲堂鼻窦炎中医疗法	传统医药	平遥县田德牲堂自然医学服务中心
45	2017/5	1	市级	平遥县王氏皮肤病中医诊疗法	传统医药	平遥县十九街安店小区卫生所
46	2017/5	1	市级	“百应健脾王”丸药制作技艺	传统医药	平遥县联业堂健脾药研究中心
47	2017/5	1	市级	平遥米氏正骨疗法	传统医药	平遥晋芸正骨医院

和顺县国家级、省级、市级“非遗”项目

序号	入选年/批	合计	项目级别	项目名称	项目类型	项目申报单位
1	2008/2	1	国家级	牛郎织女传说	民间文学	
2	2011/3	2	省级	跑莲灯	传统舞蹈	和顺县文化馆
3	2011/3		省级	弦腔（夫子岭弦腔）	传统戏剧	和顺县文化馆
4	2011/3	1	省级扩展	和顺刺绣	传统美术	和顺县文化馆
5	2006/1	1	市级	凤台小戏	传统戏剧	和顺县文化馆
6	2006/1	1	市级	范素萍牵绣制作技艺	传统技艺	和顺县文化馆
7	2006/1	1	市级	王虎谷传说	民间文学	和顺县文化馆
8	2008/2	1	市级	合山庙传说	民间文学	和顺县文化馆
9	2008/2	1	市级	音锣鼓	传统舞蹈	和顺县文化馆
10	2008/2	1	市级	牧牛	传统戏剧	和顺县文化馆
11	2008/2	1	市级	寒湖月饼	传统技艺	和顺县文化馆
12	2012/3	1	市级	麻衣传说	民间文学	和顺县文化馆
13	2014/4	1	市级	庙堂音乐	传统音乐	和顺县文化馆
14	2014/4	1	市级	黄烟炮	传统舞蹈	和顺县文化馆
15	2017/5	1	市级	和顺豆腐制作技艺	传统技艺	和顺县文化馆

左权县国家级、省级、市级“非遗”项目

序号	入选年/批	合计	项目级别	项目名称	项目类型	项目申报单位
1	2006/1	1	国家级	左权开花调	民间音乐	
2	2014/4	1	国家级	左权小花戏	民间舞蹈	
3	2011/3	2	省级扩展	竹马	传统舞蹈	左权县辽阳镇五里堠村村委会
4	2011/3		省级扩展	左权县河南村黄河阵	民俗	左权县辽阳镇河南村委
5	2006/1	1	市级	“一江晚霞”剪纸	传统技艺	左权县文化馆
6	2006/1	1	市级	左权民歌	传统音乐	左权县民歌研究中心
7	2008/2	1	市级	突堤会鼓	传统音乐	左权县民歌研究中心

续表

序号	入选年/批	合计	项目级别	项目名称	项目类型	项目申报单位
8	2008/2	1	市级	五里堠竹马	传统舞蹈	左权县文化馆
9	2008/2	1	市级	麻田武当梅拳	传统体育、游艺与杂技	左权县民歌研究中心
10	2012/3	1	市级	小会吊挂	传统技艺	左权县文体广新闻出版局
11	2012/3	1	市级	辽州板话	民间文学	左权县民歌研究中心
12	2012/3	1	市级	左权琴书调	曲艺	左权县民歌研究中心
13	2012/3	1	市级	布艺虎工艺	传统技艺	左权县民歌研究中心

文水县国家级、省级、市级“非遗”项目

序号	入选年/批	合计	项目级别	项目名称	项目类型	项目申报单位
1	2006/1	1	国家级	文水鈲子	民间音乐	
2	2009/2	1	省级	文水桥头大鼓	民间音乐	文水县文化馆
3	2009/2	1	省级	文水长拳	传统体育、游艺与杂技	文水县左家拳总会
4	2011/3	1	省级	福胜锣鼓	传统音乐	吕梁市文水县闫家社村
5	2013/4	1	省级	文水马西饶	传统音乐	文水马西饶艺术研究会
6	2006/1	1	市级	文水县吴村烙画葫芦加工技艺	传统技艺	文水县则天故里乐龙葫芦专业合作社
7	2008/2	1	市级	文水县字画装裱技艺	传统技艺	文水县文缘阁
8	2012/3	1	市级	文水跌杂则	传统体育、游艺与杂技	文水县文化馆
9	2012/3	1	市级	左家拳考	传统体育、游艺与杂技	文水县左家拳总会

昔阳县国家级、省级“非遗”项目

序号	入选年/批	合计	项目级别	项目名称	项目类型	项目申报单位
1	2009/2	2	省级	昔阳迓鼓	传统舞蹈	昔阳县文化艺术中心
2	2009/2		省级	昔阳拉话	传统舞蹈	昔阳县文化艺术中心
3	2006/1	1	市级	昔阳跑跑	传统舞蹈	昔阳县文化馆
4	2008/2	1	市级	昔阳足足马	传统舞蹈	昔阳县文化馆
5	2008/2	1	市级	弦弦腔	传统戏剧	昔阳县文化馆
6	2012/3	1	市级	滚叉	传统体育、游艺与杂技	昔阳县文化馆
7	2012/3	1	市级	九曲黄河阵灯会	传统体育、游艺与杂技	昔阳县文化馆
8	2012/3	1	市级	吊炉烧饼制作技艺	传统技艺	昔阳县文化馆

清徐县国家级、省级“非遗”项目

序号	入选年/批	合计	项目级别	项目名称	项目类型	项目申报单位
1	2006/1	1	国家级	清徐老陈醋酿制技艺	传统手工技艺	
2	2008/2	1	国家级	徐沟背铁棍	民俗	
3	2011/3	1	国家级	清徐彩门楼	传统美术	
4	2008/1	1	国家扩展	砖雕	传统手工技艺	
5	2009/2	1	省级扩展	赵氏孤儿的传说	民间文学	清徐县清源镇大北村村委会
6	2011/3	3	省级扩展	集义高跷	传统舞蹈	清徐县文化馆
7	2011/3		省级扩展	皮影戏	传统戏剧	清徐县常丰村皮影艺术团
8	2011/3		省级扩展	泥塑（不倒翁）	传统美术	清徐县文化馆

汾阳市国家级、省级“非遗”项目

序号	入选年/批	合计	项目级别	项目名称	项目类型	项目申报单位
1	2008/2	1	国家级	杏花村汾酒酿制技艺	传统手工技艺	
2	2006/1	1	省级	汾阳地秧歌	民间舞蹈	

续表

序号	入选年/批	合计	项目级别	项目名称	项目类型	项目申报单位
3	2009/2	2	省级	汾州八大碗制作技艺	传统手工技艺	汾阳市丰泰苑酒店
4	2009/2		省级	竹叶青酒泡制技艺	传统医药	杏花村汾酒集团
5	2013/4	1	省级	汾州民间故事	民间文学	汾阳市汾州文化研究会
6	2009/2	1	省级扩展	汾孝秧歌	传统戏剧	汾阳市韩家桥村
7	2013/4	1	省级	汾阳围锈	传统音乐	汾阳戏曲歌友协会
8	2012/3	1	市级	汾州核桃传统育木繁育技艺	传统技艺	汾州裕源土特产品有限公司
9	2008/2	1	市级	古汾州民间文学	民间文学	汾阳市汾州文化研究会
10	2008/2	1	市级	马跑神泉的传说	民间文学	山西神泉酒业有限公司
11	2006/1	1	市级	汾阳刻板秧歌	传统戏剧	汾阳市韩家桥村
12	2012/3	1	市级	串黄蛇		汾阳市后沟村九曲黄河阵组委会
13	2008/2	1	市级	德义园府酱传统生产技艺	传统技艺	山西德义园味业有限公司
14	2012/3	1	市级	汾阳传统宴席	传统手工技艺	汾阳市丰泰苑酒店

孝义市国家级、省级“非遗”项目

序号	入选年/批	合计	项目级别	项目名称	项目类型	项目申报单位
1	2006/1	2	国家级	碗碗腔	传统戏剧	孝义
2	2006/1		国家级	皮影戏	传统戏剧	孝义
3	2008/2	1	国家级	孝义贾家庄婚俗	民俗	
4	2008/1	1	国家扩展	木偶戏	传统戏剧	
5	2009/2	3	省级扩展	汾孝秧歌	传统戏剧	孝义市传统文化研究会
6	2009/2		省级扩展	孝义剪纸	传统美术	孝义市传统文化研究会
7	2009/2		省级扩展	孝义面塑	传统美术	孝义民间面塑艺术委员会
8	2011/3	1	省级扩展	张四姐的故事	民间文学	孝义市传统文化研究会

太原市晋源区、小店区国家级、省级“非遗”项目

序号	入选年/批	合计	项目级别	项目名称	项目类型	项目申报单位
1	2008/2	6	国家级	龙须拉面和刀削面制作技艺、抿尖面和猫耳朵制作技艺	传统手工技艺	全晋会馆、晋韵楼
2	2008/2		国家级	郭杜林晋式月饼制作技艺	传统手工技艺	
3	2008/2		国家级	药膳八珍汤	中医养生	
4	2008/2		国家级	风火流星	传统体育、游艺与杂技	
5	2008/2		国家级	晋祠庙会	民俗	
6	2008/2		国家级	琉璃烧制技艺	传统手工技艺	
7	2011/3	1	国家级	莲花落	曲艺	
8	2009/1	2	国家扩展	老陈醋酿制技艺（美和居）		
9	2009/1		国家扩展	晋剧	传统戏剧	
10	2006/1	1	省级	民间传唱史诗《杨家将》	民间文学	山西大学
11	2009/2	7	省级	二鬼摔跤	传统舞蹈	太原市小店区文化馆
12	2009/2		省级	西华门舞狮	传统舞蹈	太原市民间文艺家协会
13	2009/2		省级	二月二南街焰火习俗	民俗	太原市晋源区晋源南街村委会
14	2009/2		省级	传统手工制香技艺	传统手工技艺	太原市小店区文化馆
15	2009/2		省级	恒义诚老鼠窟元宵制作技艺	传统手工技艺	太原市恒义诚甜食店
16	2009/2		省级	王吴猪胰子制作技艺	传统手工技艺	太原市小店区文化馆
17	2009/2		省级	胡麻油压榨技艺	传统手工技艺	山西省非物质文化遗产保护中心
18	2011/3	4	省级	狄仁杰的传说	民间文学	太原市小店区营盘街办文化站
19	2011/3		省级	石海的传说	民间文学	太原市小店区北格镇北格村

续表

序号	入选年/批	合计	项目级别	项目名称	项目类型	项目申报单位
20	2011/3	4	省级	杨氏太极拳	传统体育、游艺与杂技	太原传统杨氏太极拳协会
21	2011/3		省级	耍叉（晋阳三三叉）	传统体育、游艺与杂技	太原市晋源区武术协会
22	2013/4	5	省级	晋商茶路上的故事	民间文学	山西晋贾茶文化有限公司
23	2013/4		省级	太原民歌	传统音乐	小店区文化馆
24	2013/4		省级	晋中吹打	传统音乐	晋源区文化馆
25	2013/4		省级	东蒲舞龙	传统舞蹈	小店区文化馆
26	2013/4		省级	戏剧头盔制作技艺	传统技艺	山西省晋剧院
27	2011/3	4	省级扩展	晋阳花馍	传统美术	太原市晋源区晋阳文化研究会
28	2011/3		省级扩展	“益源庆”宁化府老陈醋醋酿造技艺	传统手工技艺	太原市宁化府益源庆醋业有限公司
29	2011/3		省级扩展	六味斋酱肘花传统生产工艺	传统手工技艺	太原六味斋实业有限公司
30	2011/3		省级扩展	传统豆腐制作技艺	传统手工技艺	晋源区金胜镇古寨村委会
31	2013/4	2	省级扩展	二人台	传统戏剧	山西省曲艺团
32	2013/4		省级扩展	沙袋循经拍打疗法	中医养生	太原御生堂文化养生有限公司

后 记

《文化生态保护与旅游发展互动研究》一书终于要付梓出版了。出版之际，不由想起了博士后期间的的点点滴滴，“我思故我在”，读博后的景象犹自在耳，回顾过往，特絮叨一二。

人常说“三十而立，四十不惑”，已过不惑之年的我，毅然决然的孤身一人来到遥远的京城求学，颇有一点“壮士断臂”的豪壮。时光荏苒，岁月如梭，不觉进入中国科学院地理科学与资源研究所博士后流动站学习已经四年多，四年来，不敢说学业有成，至少是追求不懈。回首往事，不禁感慨、感动和感激。“路漫漫其修远兮，吾将上下而求索”，所幸的是我坚持了下来，从一个起点走到一个终点，今天我又开始了新的征程。

决定将《文化生态保护与旅游发展互动研究》作为博士后研究论文选题，是起源于晋中文化生态保护（实验）区的成立。晋中文化生态保护区是保护特定的“晋”文化的代表。文化生态保护区是“以保护非物质文化遗产为核心，对历史文化积淀丰厚、存续状态良好，具有重要价值和鲜明特色的文化形态进行整体性保护”，文化生态保护与文化生态资源旅游开发、利用是一个相辅相成的有机整体，合理开发、利用文化生态资源，实现文化生态的生产性保护与活态传承具有重要意义。文化生态保护意在强调在保护文化遗产本身的同时还要关注文化与环境的相互作用，让历史文化遗产达到完整性、系统性保护的状态。文化生态保护强调非物质文化遗产与物质文化遗产相互依存，活态文化则是非物质文化遗产存在的特性，因此，活态文化保护是文化生态保护的核心。同时活态文化也是文化生态旅游发展的灵魂所在。因此，文章以文化生态保护（实验）区为研究对象，进行了系统深入的研究。

四年来，感谢导师刘家明教授，他治学严谨，对我给予悉心指导，提供无微不至的帮助，这一点将永远铭记在心。葛全胜所长、陈田教授、宁志中教授、毛永红老师等，在此一并对他们的帮助表示深切的感谢。还有博士后期间的王润、戴湘毅、龙江智、胡炜霞等同门以及师门的朱鹤等师妹、师弟，他们对我的帮助，一一铭记在心。

感谢山西省非物质文化遗产中心、晋中市非物质文化遗产中心的领导，对他们在数据调研方面给予的帮助表示感谢。同时也要感谢在本研究课题完成过程中的课题组成员部学敏、邢丽娟等老师的鼎力支持。

此外，还要感谢在百忙之中抽出时间审稿和参加论文答辩的专家们，感谢他们对本书提出的意见与建议，这样我才能更快地意识到自己的不足，加以改正得以提高。

在本书写作过程中，曾多次遇到写作误区和盲点，所幸最终能坚持下来，在中国科学院地理科学与资源研究所的时光虽然短暂，但留下了此生美好的人生回忆。本书的写作过程可以说是经历“阵痛”，“痛并快乐着”是我最大的感受。在读博士后这段“孤寂”的日子，收获了我人生中又一笔财富。

感谢我的爱人温娟娟女士对我生活上的关心、照顾和鼓励，在我经历挫折时给予我信心，在我失落的时候鼓励我不要轻易放弃，在我博士后论文写作的过程中，不仅帮我进行模式结构调整和数据分析，还承担起“养家糊口”、育儿的家庭重担。最后还要感谢我的父母以及岳父岳母，他们在我生活上给予了很多的照顾，支持和鼓励我积极完成学业。

由于本人的能力有限，书稿中难免存在很多不足之处，还请各位方家指正。

张建忠

2022 年 6 月于榆次蜗居